Anton Tschechow

Onkel Wanja

Szenen aus dem Landleben
in vier Akten

Übersetzung und Nachwort
von Hans Walter Poll

Philipp Reclam jun. Stuttgart

Russischer Originaltitel:
Djadja Vanja

Die Übersetzung folgt dem Text der Ausgabe: A. P. Čechov: Sočinenija. Bd. 13. Moskau: Izdatel'stvo »Nauka«, 1978. S. 61–116.

RECLAMS UNIVERSAL-BIBLIOTHEK Nr. 8738

Gesamtherstellung: Reclam, Ditzingen. Printed in Germany 2007

ISBN 978-3-15-008738-1

www.reclam.de

Personen

ALEXANDER WLADÍMIROWITSCH SEREBRJAKÓW, *Professor im Ruhestand*

JELÉNA ANDRÉJEWNA, *seine Frau, 27 Jahre alt*

SOFJA ALEXÁNDROWNA (SONJA), *seine Tochter aus erster Ehe*

MARÍJA WASSÍLJEWNA WOJNÍZKAJA, *Witwe eines Geheimrats, Mutter der ersten Frau des Professors*

IWÁN PETRÓWITSCH WOJNÍZKIJ, *ihr Sohn*

MICHAÍL LWÓWITSCH ÁSTROW, *Arzt*

ILJÁ ILJÍTSCH TELÉGIN, *verarmter Gutsbesitzer*

MARÍNA, *die alte Kinderfrau (Njánja)*

EIN KNECHT

Ort der Handlung: Das Gut Serebrjakows

Erster Akt

Der Park. Man sieht einen Teil des Hauses mit der Terrasse. In der Allee unter einer alten Pappel ein zum Tee gedeckter Tisch. Bänke, Stühle, auf einer der Bänke liegt eine Gitarre. Nicht weit vom Tisch eine Schaukel. – Gegen drei Uhr nachmittags. Trübes Wetter.

Marina (eine schwammige, schwerfällige alte Frau, sitzt am Samowar und strickt an einem Strumpf) und Astrow (geht neben ihr auf und ab).

MARINA *(schenkt ein Glas ein).* Trink mal, Bátjuschka.

ASTROW *(nimmt widerwillig das Glas).* Eigentlich möchte ich nicht.

MARINA. Vielleicht trinkst du einen kleinen Wodka?

ASTROW. Nein. Ich trinke nicht jeden Tag Wodka. Und es ist auch so schwül.
(Pause.)
Njánka, wie lange kennen wir uns wohl schon?

MARINA *(denkt nach).* Wie lange? Gott, laß mich mal nachdenken ... Du bist hierher gekommen, in diese Gegend ... wann? ... da lebte Wéra Petrówna noch, Sónetschkas Mutter. Zu ihrer Zeit, zwei Winter lang, hast du uns oft besucht ... also, das ist wohl elf Jahre her. *(Sie überlegt.)* Aber vielleicht auch länger ...

ASTROW. Sehr verändert habe ich mich seitdem?

MARINA. Sehr. Damals warst du jung und hübsch, und nun bist du alt geworden. Und so hübsch siehst du auch nicht mehr aus. Und, das muß man sagen – du trinkst.

ASTROW. Ja ... in den zehn Jahren bin ich ein anderer Mensch geworden. Und aus welchem Grund? Ich habe mich überarbeitet, Njanka. Immer auf den Beinen, von früh bis spät. Keine Ruhe habe ich gekannt. Und nachts liegst du unter der Decke und hast Angst, daß sie dich zu einem Kranken schleppen. Die ganze Zeit, seit wir beide uns kennen, habe ich keinen einzigen freien Tag gehabt. Wie soll man da nicht altern? Und das Leben an sich schon ist langweilig, dumm, schmutzig ... Es zieht sich hin, dies Leben. Und um dich herum nur verschrobene Leute, alles seltsame Menschen. Mit denen lebst du zwei, drei Jahre zusammen, und allmählich, ohne daß du es bemerkst, wirst du selbst auch ein komischer Kerl. Ein unvermeidliches Schicksal. *(Er zwirbelt seinen langen Schnurrbart.)* Sieh mal, ein gewaltiger Schnauzbart ist mir gewachsen ... ein blöder Bart. Ein sonderbarer Kauz bin ich geworden, Njanka ... Ganz verblödet bin ich, Gott sei Dank, ja noch nicht, der Grips ist noch da, aber die Gefühle sind irgendwie abgestumpft. Nichts will ich mehr, nichts brauche ich, niemanden mag ich ... Nur dich habe ich vielleicht noch gern. *(Er küßt sie auf den Kopf.)* Als Kind hatte ich genauso eine Kinderfrau.

MARINA. Möchtest du vielleicht etwas essen?

ASTROW. Nein. In der Fastenzeit, in der dritten Woche, bin ich nach Málizkoje gefahren wegen einer Epidemie ... Flecktyphus ... Das Volk in den Bauernkaten wie hingeworfen ... Dreck, Gestank, Qualm, die Kälber auf dem Fußboden, mit den Kranken zusammen ... und die Ferkel mitten dazwischen ... den ganzen Tag beschäftigt, konnte mich nicht mal hinsetzen, keinen Bissen zu mir nehmen. Schließlich kam ich nach Hause, man ließ mir keine Ruhe – sie brachten mir von der Eisenbahn den Weichensteller an. Den legte ich auf den Tisch, um ihn zu operieren, und schon stirbt er mir unterm Chloroform. Und da, ganz unnötig, erwachten Gefühle in mir, und mein Gewissen war bedrückt, als hätte ich ihn vorsätzlich getötet ... Da setzte ich mich hin, machte die Augen zu – so – und dachte: Werden wohl die Menschen, die hundert oder zweihundert Jahre nach uns leben und für die wir jetzt den Weg bahnen, mit einem guten Wort an uns denken? Njanka, gar nicht werden sie an uns denken!

MARINA. Die Menschen nicht, dafür wird Gott an uns denken.

ASTROW. Vielen Dank. Schön hast du das gesagt.

(Wojnizkij kommt.)

WOJNIZKIJ *(kommt aus dem Haus; er hat sich nach dem Frühstück ausgeschlafen und sieht zerknautscht aus; er setzt sich auf eine Bank, zieht seine modische Krawatte zurecht).*

Ja . . .

(Pause.)

Ja . . .

ASTROW. Ausgeschlafen?

WOJNIZKIJ. Ja . . . sehr gut. *(Gähnt.)* Seit hier der Professor mit seiner Gattin wohnt, ist das Leben aus dem Gleis geraten . . . Ich schlafe nicht mehr zur rechten Zeit, esse zu den Mahlzeiten die verschiedensten scharfen Saucen, trinke Wein . . . ungesund ist das! Früher hatte ich keine freie Minute. Ich und Sonja haben gearbeitet – alle Achtung, jetzt aber arbeitet nur Sonja noch, und ich schlafe, esse, trinke . . . Das ist nicht gut!

MARINA *(schüttelt den Kopf).* Zustände sind das! Der Professor steht um zwölf Uhr auf, aber der Samowar dampft vom frühen Morgen an und wartet nur auf ihn. Ohne die da wurde immer um ein Uhr gegessen, wie bei den Leuten überall, bei denen aber erst um sieben. Nachts liest der Professor und schreibt, und plötzlich um zwei Uhr geht die Klingel . . . Lieber Gott, was ist los? Tee! Weck also seinetwegen das Volk auf, stell den Samowar auf . . . Zustände!

ASTROW. Werden die denn noch lange hier wohnen bleiben?

WOJNIZKIJ *(pfeift).* Hundert Jahre. Der Professor hat beschlossen, sich hier niederzulassen.

MARINA. Heute wieder: Der Samowar steht schon zwei Stunden bereit, und sie sind spazierengegangen.

WOJNIZKIJ. Sie kommen, sie kommen . . . Reg dich nicht auf.

(Man hört Stimmen; aus der Tiefe des Gartens heraus kom-

men Serebrjakow, Jelena Andrejewna, Sonja und Telegin von einem Spaziergang zurück.)

SEREBRJAKOW. Sehr schön, sehr schön . . . wunderbare Ausblicke.

TELEGIN. Bemerkenswerte, Eure Exzellenz.

SONJA. Wir fahren morgen zum Forsthaus, Papa. Kommst du mit?

WOJNIZKIJ. Herrschaften, zum Tee!

SEREBRJAKOW. Meine Freunde, schickt mir den Tee in mein Arbeitszimmer, seid so freundlich! Ich muß heute noch einiges tun.

SONJA. In der Försterei wird es dir bestimmt gefallen . . . *(Jelena Andrejewna, Serebrjakow und Sonja gehen ins Haus; Telegin geht zum Tisch und setzt sich neben Marina.)*

WOJNIZKIJ. Heiß ist es, schwül, aber unser großer Gelehrter läuft im Mantel und in Galoschen herum, mit Schirm und Handschuhen.

ASTROW. Er schont sich eben.

WOJNIZKIJ. Wie schön sie doch ist! Wie schön! In meinem ganzen Leben habe ich keine schönere Frau gesehen.

TELEGIN. Ob ich übers Feld fahre, Marina Timoféjewna, ob ich im schattigen Garten spaziere oder diesen Tisch betrachte, stets empfinde ich eine unaussprechliche Seligkeit! Ein bezauberndes Wetter, die Vögelein singen, wir alle leben in Frieden und Eintracht – was wollen wir mehr? *(Er nimmt ein Glas Tee entgegen.)* Tiefempfundenen Dank!

WOJNIZKIJ *(versunken)*. Die Augen . . . eine wundervolle Frau!

ASTROW. Erzähl mal was, Iwan Petrowitsch.

WOJNIZKIJ *(matt)*. Was soll ich dir denn erzählen?

ASTROW. Gibt es nichts Neues?

WOJNIZKIJ. Nichts. Alles alt. Ich bin noch derselbe wie früher, nur schlechter, weil ich träge geworden bin, nichts tue, nur herumknurre wie ein alter Griesgram. Meine alte Krähe, die Mamán, plappert immer noch über die Emanzipation der Frauen; mit einem Auge schaut sie ins Grab, mit dem anderen sucht sie in ihren klugen Büchelchen das Morgenrot des neuen Lebens.

ASTROW. Und der Professor?

WOJNIZKIJ. Und der Professor sitzt wie früher vom Morgen bis in die tiefe Nacht in seinem Arbeitszimmer und schreibt. »Angespannet den Geist, die Stirne bedenklich gerunzelt, so schreiben wir immerzu Oden, schreiben und schreiben und hören weder für sie noch für uns nirgends des Lobes.« Das arme Papier! Er hätte lieber seine Autobiographie schreiben sollen. Das wäre ein vorzügliches Sujet! Ein pensionierter Professor, verstehst du, ein alter Zwieback, ein gelehrter Stockfisch ... Gicht, Rheumatismus, Migräne, Leberschwellung durch Eifersucht und Neid ... Da lebt dieser Stockfisch auf dem Gut seiner Frau, wo er eigentlich nicht bleiben wollte, aber bleiben muß, weil zum Leben in der Stadt das Geld nicht reicht. Ewig bejammert er sein Unglück, obwohl er eigentlich doch ein ungewöhnliches Glück hat. *(Gereizt.)* Stell dir vor, was für ein Glück! Der Sohn eines einfachen Küsters, ein Stipendiat, hat gelehrte Dienstgrade erreicht und einen Lehrstuhl erklettert, ist Exzellenz geworden, Schwiegersohn eines Senators und so weiter und so fort. Das alles will natürlich nicht viel heißen. Aber nun stell dir vor: Da hält dieser Mensch fünfundzwanzig Jahre lang Vorlesungen und schreibt über Kunst, obwohl er genaugenommen nichts von Kunst versteht. Fünfundzwanzig Jahre käut er Gedanken anderer Leute wieder, über Realismus, Naturalismus und allerlei andern Quatsch; fünfundzwanzig Jahre Vorlesungen und Schreiberei über Dinge, die den Vernünftigen ohnehin schon klar, den Banausen einerlei sind, fünfundzwanzig Jahre lang treibt er müßiges Zeug. Und dabei welche Arroganz! Welche Anmaßung! Nun hat er seinen Ruhestand, und keine Seele kennt ihn mehr; er ist völlig unbekannt. Das heißt doch, fünfundzwanzig Jahre hat er eine Stelle besetzt, die ihm nicht zustand. Und nun sieh ihn dir an: Wie ein Halbgott schreitet er daher!

ASTROW. Du scheinst ihn zu beneiden.

WOJNIZKIJ. Ja, ich beneide ihn. Was für ein Erfolg bei den Frauen! Noch nie hat ein Don Juan einen solchen Erfolg gehabt! Seine erste Frau, meine Schwester, ein schönes, sanftes Wesen, rein wie der blaue Himmel und edel, großzügig – mehr Verehrer hat sie gehabt als er Schüler –, sie hat ihn so geliebt, wie nur die engelhaften Wesen lieben können, die rein und schön sind, wie sie es war. Meine Mutter, seine Schwiegermutter, vergöttert ihn bis zum heutigen Tag, bis heute suggeriert er ihr heilige Scheu. Seine zweite Frau, eine Schönheit und gescheit – Sie haben sie ja eben gesehen –, hat ihm ihre Jugend geschenkt, ihre Anmut, ihre Freiheit, ihren Glanz. Und wofür? Warum?

ASTROW. Ist sie dem Professor treu?

WOJNIZKIJ. Leider ja.

ASTROW. Warum denn leider?

WOJNIZKIJ. Weil diese Treue von Anfang bis zum Ende verlogen ist. Viel Rhetorik steckt darin, aber keine Logik. Einen alten Ehemann zu betrügen, den man nicht mehr ausstehen kann – das soll unmoralisch sein, aber in sich die arme Jugend zu ersticken und das lebendige Gefühl – das soll nicht unmoralisch sein.

TELEGIN *(mit weinerlicher Stimme)*. Wanja, das mag ich nicht, wenn du so etwas sagst. Na wirklich ... Wer seine Frau oder seinen Mann betrügt, der ist eben ein treuloser Mensch; so einer kann auch mal das Vaterland verraten!

WOJNIZKIJ *(ärgerlich)*. Dreh den Hahn ab! Du Waffel!

TELEGIN. Erlaub mal, Wanja. Meine Frau ist mir schon am Tag nach der Hochzeit weggelaufen, mit ihrem Liebhaber, wegen meines unattraktiven Äußeren. Und doch habe ich auch danach nicht gegen meine Pflichten verstoßen. Ich liebe sie bis zum heutigen Tag und bin ihr treu, helfe ihr, wo ich kann, und habe mein Vermögen hingegeben zur Erziehung der Kinder, die sie mit ihrem Geliebten in die

Welt gesetzt hat. Mein Glück ist zerstört, aber der Stolz ist mir geblieben. Und sie? Ihre Jugend ist längst dahin, die Schönheit ist unter dem Einfluß der Naturgesetze verblichen, der Geliebte ist gestorben ... Was ist ihr also geblieben?

(Sonja und Jelena Andrejewna kommen; etwas später kommt Marija Wassiljewna mit einem Buch; sie setzt sich und fängt an zu lesen. Man bringt ihr Tee. Sie trinkt, ohne aufzusehen.)

SONJA *(hastig zur Kinderfrau).* Njánetschka, da sind die Bauern gekommen. Geh, sprich du mit ihnen, den Tee schenke ich selbst ein ... *(Sie schenkt Tee ein.)*

(Die Kinderfrau geht hinaus. Jelena Andrejewna nimmt ihre Tasse, setzt sich auf die Schaukel und trinkt.)

ASTROW *(zu Jelena Andrejewna).* Da bin ich nun zu Ihrem Mann gekommen. Sie haben mir geschrieben, er sei sehr krank, Rheumatismus und sonst noch was, dabei stellt sich heraus, daß er kerngesund ist.

JELENA ANDREJEWNA. Gestern abend fühlte er sich schlecht, klagte über Schmerzen in den Beinen, heute geht es ihm wieder gut ...

ASTROW. Und da galoppiere ich Hals über Kopf die dreißig Werst herüber. Na, macht nichts, war ja nicht das erste Mal. Dafür bleibe ich nun bis morgen bei Ihnen und schlafe mich wenigstens quantum satis aus.

SONJA. Das ist schön. Es ist ja so eine Seltenheit, wenn Sie bei uns übernachten. Sie haben wahrscheinlich noch nicht gegessen?

ASTROW. Nein, gegessen habe ich noch nicht.

SONJA. Da kommen Sie gerade recht zum Abendessen. Wir essen jetzt immer um sieben Uhr. *(Sie trinkt.)* Der Tee ist kalt.

TELEGIN. Im Samowar ist die Temperatur schon ganz entschieden gesunken.

JELENA ANDREJEWNA. Macht nichts, Iwán Iwánytsch, wir trinken auch kalten Tee.

TELEGIN. Verzeihen Sie bitte . . . Nicht Iwan Iwanytsch, sondern Ilja Iljitsch Teljegin, oder, wie manche mich wegen meines narbigen Gesichts nennen, »Waffel«. Seinerzeit war ich Taufpate von Sonetschka, und seine Exzellenz, Ihr Gatte, kennt mich sehr gut. Nun lebe ich hier, bitte sehr, auf diesem Gut, bitte . . . Wenn Sie das zu bemerken beliebten, jeden Tag pflege ich mit Ihnen zusammen zu speisen.

SONJA. Ilja Iljitsch ist unser Helfer, unsere rechte Hand. *(Zärtlich.)* Kommen Sie, lieber Pate, ich schenke Ihnen noch einmal ein.

MARIJA WASSILJEWNA. Ach!

SONJA. Was haben Sie, Großmutter?

MARIJA WASSILJEWNA. Ich habe vergessen, Alexander zu sagen . . . mir ist das ganz entfallen . . . heute habe ich einen Brief aus Chárkow von Páwel Alexéjewitsch bekommen . . . Er hat mir seine neue Broschüre geschickt . . .

ASTROW. Ist sie interessant?

MARIJA WASSILJEWNA. Interessant schon, aber irgendwie merkwürdig. Er bestreitet nun, was er selbst vor sieben Jahren vertreten hat. Schrecklich!

WOJNIZKIJ. Nichts ist schrecklich. Trinken Sie Ihren Tee, Maman.

MARIJA WASSILJEWNA. Aber ich will reden!

WOJNIZKIJ. Wir reden doch schon fünfzig Jahre lang und reden und lesen Broschüren. Es wird endlich Zeit, damit aufzuhören.

MARIJA WASSILJEWNA. Dir ist es irgendwie unangenehm zuzuhören, wenn ich spreche. Verzeih, Jean, in letzter Zeit hast du dich so verändert, daß ich dich gar nicht wiedererkenne . . . Du warst doch ein Mensch mit festen Überzeugungen, eine helle, lichte Persönlichkeit . . .

WOJNIZKIJ. Oh ja! Ich war eine lichte Persönlichkeit, von der niemandem hell geworden ist . . .
(Pause.)

Eine lichte Persönlichkeit ... Man kann mich nicht böser verspotten! Ich bin jetzt siebenundvierzig. Bis zum vorigen Jahr habe ich mich angestrengt, meine Augen mit eurer Scholastik zu vernebeln, um das wirkliche Leben nicht zu sehen, und ich dachte, so wäre es gut. Aber jetzt! Wenn ihr wüßtet! Nachts kann ich nicht schlafen vor Kummer, vor Ärger, daß ich meine Zeit so dumm vergeudet habe, wo ich doch alles hätte haben können, was mir nun mein Alter versagt!

SONJA. Onkel Wanja, wie langweilig!

MARIJA WASSILJEWNA *(zu ihrem Sohn).* Als ob deine früheren Überzeugungen daran schuld wären ... Aber schuld sind nicht sie, sondern du selbst. Du hast immer vergessen, daß die Überzeugungen an sich nichts sind, ein toter Buchstabe ... Du hättest eine Tat tun müssen, ein Werk schaffen.

WOJNIZKIJ. Ein Werk? Nicht jeder kann ein schreibendes Perpetuum mobile sein, wie euer Herr Professor.

MARIJA WASSILJEWNA. Was willst du damit sagen?

SONJA *(flehentlich).* Großmutter! Onkel Wanja! Ich bitte euch sehr!

WOJNIZKIJ. Ich bin schon still. Ich schweige und bitte um Entschuldigung.

(Pause.)

JELENA ANDREJEWNA. Und was für ein schönes Wetter heute ... nicht heiß ...

(Pause.)

WOJNIZKIJ. Bei solchem Wetter ist es schön, sich aufzuhängen ...

(Telegin stimmt seine Gitarre. Marina geht ums Haus und lockt die Hühner.)

MARINA. Putt, putt, putt ...

SONJA. Njanetschka, warum sind die Bauern gekommen? ...

MARINA. Immer das gleiche, wieder wegen dem Brachland. Putt, putt, putt ...

SONJA. Was rufst du so?

MARINA. Das Bunte ist mit den Küken weg ... Wenn nur die Krähen sie nicht holen ... *(Sie geht ab.)*

(Telegin spielt eine Polka; alle hören schweigend zu; ein Knecht kommt.)

DER KNECHT. Ist der Herr Doktor hier? *(Zu Astrow.)* Bitte, Michail Lwowitsch, da sind Leute, die wollen Sie holen.

ASTROW. Woher?

DER KNECHT. Aus der Fabrik.

ASTROW *(ärgerlich)*. Danke bestens. Was hilft's, ich muß hinfahren ... *(Er sucht seine Mütze.)* Ärgerlich, zum Teufel auch ...

SONJA. Wie lästig, wahrhaftig ... Kommen Sie aber von der Fabrik zum Essen.

ASTROW. Nein, das wird spät werden. Wo ist sie nun ... Wo habe ich sie hingelegt ... *(Zu dem Knecht.)* Nun hol mir erst mal ein Gläschen Wodka, mein Lieber.

(Der Knecht geht ab.)

Wo denn ... Wohin denn ... *(Er findet seine Mütze.)* Bei Ostrowskij gibt es in irgendeinem Stück einen Menschen mit einem großen Schnurrbart und beschränkten Fähigkeiten ... So einer bin ich. Nun, habe die Ehre, Herrschaften ... *(Zu Jelena Andrejewna.)* Wenn Sie mal bei mir hereinschauen, so mal mit Sofja Alexandrowna, da wäre ich aufrichtig froh. Ich habe da ein kleines Gut, dreißig Desjatinen im ganzen, aber, wenn es Sie interessiert, auch einen Mustergarten und eine Baumschule, wie Sie auf tausend Werst keine zweite finden. Neben mir beginnt der Staatsforst ... Der Förster dort ist alt, ständig krank, so daß eigentlich ich alles regele.

JELENA ANDREJEWNA. Ich habe schon gehört, daß Sie die Wälder so sehr lieben. Natürlich, die können großen Nutzen bringen, aber stört Sie das nicht in Ihrem eigentlichen Beruf? Sie sind doch Arzt.

ASTROW. Gott allein weiß, worin unser eigentlicher Beruf liegt.

JELENA ANDREJEWNA. Und ist das interessant?

ASTROW. Ja, das ist eine interessante Sache.

WOJNIZKIJ *(mit Ironie).* Sehr!

JELENA ANDREJEWNA. Sie sind ein noch junger Mensch, nach Ihrem Aussehen ... nun so sechsunddreißig oder siebenunddreißig Jahre alt ... das kann für Sie nicht so interessant sein, wie Sie sagen. Wald, immer nur Wald. Eintönig, denke ich mir.

SONJA. Nein, das ist außerordentlich interessant. Michail Lwowitsch pflanzt jedes Jahr neue Wälder an, er hat schon eine Bronzemedaille und ein Diplom geschickt bekommen. Er setzt sich dafür ein, daß die alten Bestände nicht vernichtet werden. Wenn Sie ihn bis zum Ende anhören, so werden Sie ihm völlig zustimmen. Er sagt, die Wälder verschönen die Erde, sie bringen den Menschen Verständnis für das Schöne bei und versetzen ihn in eine andachtsvolle Stimmung. Die Wälder mildern das rauhe Klima. In Ländern mit mildem Klima verbraucht man weniger Kraft für den Kampf mit der Natur, und darum sind dort auch die Menschen weicher und nachgiebiger; da sind die Menschen schön, geschmeidig, sensibel, sie äußern sich elegant und bewegen sich graziös. Bei ihnen blühen die Wissenschaften und Künste, ihre Philosophie ist nicht finster, und ihr Verhältnis zur Frau ist voll eleganter Noblesse ...

WOJNIZKIJ *(lachend).* Bravo, bravo! ... Das alles ist lieb gesagt, überzeugt mich aber nicht, deshalb *(zu Astrow)* erlaub mir, mein Freund, meine Öfen auch weiterhin mit Holz zu heizen und die Scheunen aus Brettern zu bauen.

ASTROW. Du kannst die Öfen mit Torf heizen und Scheunen aus Steinen bauen. Nun ja, ich lasse ja den Holzeinschlag zu, wo er nötig ist. Aber wozu die Wälder vernichten? Die russischen Wälder erzittern unter der Axt, Milliarden von Bäumen fallen, der Lebensraum von Tieren und Vögeln wird verwüstet, die Flüsse versanden und trocknen aus, unwiederbringlich verschwinden wunderbare Landschaften – all das, weil der Mensch vor lauter Faulheit nicht einsieht, daß er sich bücken und sein Heizmaterial aus der

Erde holen kann. *(Zu Jelena Andrejewna.)* Nicht wahr, so ist es doch, gnädige Frau? Man muß schon ein ganz unverständiger Barbar sein, wenn man diese Pracht im Ofen verheizt, wenn man vernichtet, was wir nicht wieder hervorbringen können. Der Mensch ist mit Vernunft und Schöpferkraft begabt, um zu vermehren, was ihm geschenkt worden ist, aber bis heute hat er nichts geschaffen, sondern zerstört. Wälder gibt es immer weniger, die Flüsse werden austrocknen, das Wild ist fortgezogen, das Klima verschlechtert sich, und mit jedem Tag wird die Erde ärmer und häßlicher. *(Zu Wojnizkij.)* Du blickst mich ironisch an, und alles was ich sage, kommt dir unernst vor . . . und vielleicht ist es ja auch komisch, aber wenn ich an den Bauernwäldern vorbeifahre, die ich vor einem Kahlschlag gerettet habe, oder wenn ich hinhöre, wie der junge Wald rauscht, den ich mit meinen Händen gepflanzt habe, dann wird mir bewußt, daß das Klima auch ein wenig in meiner Macht steht und daß, wenn die Menschen nach tausend Jahren glücklich sein werden, auch ich daran ein wenig schuld bin. Wenn ich eine kleine Birke setze und dann zusehe, wie sie grünt und sich im Winde wiegt, dann erfüllt sich meine Seele mit Stolz. Und ich . . . *(Er sieht den Knecht, der ihm auf einem Tablett ein Glas Wodka bringt.)* Aber . . . *(er trinkt)* es ist Zeit für mich. All das sind vermutlich doch nur merkwürdige Gedanken. Habe die Ehre mich zu empfehlen! *(Er geht zum Haus.)*

SONJA *(faßt seinen Arm und geht mit ihm).* Wann kommen Sie denn wieder zu uns?

ASTROW. Ich weiß nicht . . .

SONJA. Erst in einem Monat? . . .

(Astrow und Sonja gehen ins Haus; Marija Wassiljewna und Telegin bleiben am Tisch sitzen; Jelena Andrejewna und Wojnizkij gehen auf die Terrasse.)

JELENA ANDREJEWNA. Und Sie, Iwan Petrowitsch, haben sich wieder unmöglich aufgeführt. Mußten Sie Marija Wassiljewna reizen und vom Perpetuum mobile sprechen! Und heute beim Frühstück haben Sie wieder mit Alexander gestritten. Wie häßlich!

WOJNIZKIJ. Wenn ich ihn aber doch hasse!

JELENA ANDREJEWNA. Alexander zu hassen, haben Sie keinen Grund. Er ist wie alle. Nicht schlechter als Sie.

WOJNIZKIJ. Wenn Sie Ihr Gesicht sehen könnten, Ihre Bewegungen . . . wie träge Sie dahinleben! Ach, wie träge!

JELENA ANDREJEWNA. Ach ja, träge und langweilig! Alle schimpfen auf meinen Mann, alle sehen mich mit Mitleid an: Die Unglückliche, sie hat einen alten Mann! Dies Mitgefühl mit mir, wie ich es durchschaue! Was hat doch eben Astrow gesagt: Ihr alle zerstört ohne Sinn und Verstand die Wälder, und bald wird es keine mehr geben auf Erden. Ebenso sinnlos verderbt ihr den Menschen, und bald wird es, dank euch, auf Erden keine Treue mehr geben, keine Reinheit, keine Bereitschaft, sich aufzuopfern. Warum könnt ihr eine Frau nicht unbeteiligt ansehen, wenn sie euch nicht gehört? Weil – da hat der Doktor recht – weil in euch allen der Geist der Zerstörung sitzt. Euch tun nicht die Wälder leid, nicht die Vögel, die Frauen nicht und ihr euch nicht einmal selbst.

WOJNIZKIJ. Ich mag diese Philosophie nicht.

(Pause.)

JELENA ANDREJEWNA. Dieser Doktor hat ein erschöpftes, nervöses Gesicht. Ein interessantes Gesicht. Sonja gefällt er offensichtlich. Sie ist in ihn verliebt, und ich verstehe sie. Seit ich hier bin, war er schon dreimal da. Aber ich bin schüchtern und habe mich kein einziges Mal mit ihm unterhalten, wie es sich gehört; ich war nicht freundlich zu ihm. Er muß schlecht von mir denken. Vielleicht sind wir beide, Iwan Petrowitsch, deshalb so gute Freunde, weil wir beide so stumpfsinnige, langweilige Menschen sind! Stumpfsinnige Menschen! Gucken Sie mich nicht so an, ich mag das nicht.

WOJNIZKIJ. Kann ich Sie anders anschauen, wenn ich Sie liebe? Sie sind mein Glück, mein Leben, meine Jugend! Ich weiß, meine Aussichten sind gering, gleich Null, aber ich brauche ja nichts, erlauben Sie mir nur, Sie anzuschauen, Ihre Stimme zu hören . . .

JELENA ANDREJEWNA. Leiser, man kann Sie hören!

(Sie gehen ins Haus.)

WOJNIZKIJ *(ihr folgend).* Erlauben Sie mir, von meiner Liebe zu sprechen, jagen Sie mich nicht weg, das allein schon wird für mich das größte Glück sein . . .

JELENA ANDREJEWNA. Das ist quälend . . .

(Beide sind ins Haus gegangen. – Telegin klimpert eine Polka; Marija Wassiljewna notiert etwas am Rande ihrer Broschüre.)

Vorhang.

Zweiter Akt

Das Eßzimmer im Hause Serebrjakows. – Nacht. – Man hört, wie der Nachtwächter im Garten an sein Schallholz klopft.

Serebrjakow sitzt im Sessel am offenen Fenster und schlummert. Jelena Andrejewna sitzt neben ihm, sie ist ebenfalls eingeschlafen.

SEREBRJAKOW *(blickt auf)*. Wer ist da? Sonja, bist du's?

JELENA ANDREJEWNA. Ich bin's.

SEREBRJAKOW. Du, Lénotschka ... Der unerträgliche Schmerz!

JELENA ANDREJEWNA. Dein Plaid ist heruntergefallen. *(Sie wickelt ihm die Füße ein.)* Ich mache das Fenster zu, Alexander.

SEREBRJAKOW. Nein, es ist so schwül hier ... Ich bin eben eingeschlafen und habe geträumt, mein linker Fuß gehörte nicht zu mir. Von dem quälenden Schmerz bin ich aufgewacht. Nein, das ist nicht die Gicht, eher Rheumatismus. Wie spät ist es denn?

JELENA ANDREJEWNA. Zwanzig nach zwölf.

(Pause.)

SEREBRJAKOW. Such morgen mal in der Bibliothek die Werke von Bátjuschkow. Ich glaube, wir haben sie.

JELENA ANDREJEWNA. Wie?

SEREBRJAKOW. Such morgen Batjuschkow heraus. Ich erinnere mich, wir hatten ihn. Aber warum wird mir das Atmen so schwer?

JELENA ANDREJEWNA. Du bist müde. Die zweite Nacht schon schläfst du nicht.

SEREBRJAKOW. Turgénjew soll durch die Gicht schließlich Herzbeschwerden bekommen haben, heißt es. Ich fürchte, mir wird's auch so gehen. Dieses verfluchte, widerwärtige Altwerden. Der Teufel soll es holen. Seit ich alt geworden bin, bin ich mir selbst zum Ekel. Ja, und ihr alle schaut mich bestimmt mit Widerwillen an.

JELENA ANDREJEWNA. Du sprichst von deinem Alter in einem Ton, als ob wir schuld daran wären, daß du alt bist.

SEREBRJAKOW. Dir vor allem bin ich zuwider.

(Jelena Andrejewna steht auf und setzt sich weiter weg von ihm.)

Natürlich, du hast recht. Ich bin nicht dumm und verstehe. Du bist jung, gesund, hübsch, willst leben, und ich bin ein Greis, fast schon ein Leichnam. Glaubst du, ich verstände dich nicht? Es ist natürlich dumm, daß ich bis zum heutigen Tage noch lebe. Aber warte nur, bald befrei ich euch alle von mir. Lange werde ich es nicht mehr machen.

JELENA ANDREJEWNA. Ich kann das nicht ertragen . . . sei um Gottes willen still.

SEREBRJAKOW. Es stellt sich heraus, alle können mich nicht ertragen, fühlen sich angeödet, vergeuden ihr junges Leben, und nur ich genieße mein Leben und bin zufrieden. Nun ja, natürlich ist es so!

JELENA ANDREJEWNA. Sei still! Du hast mich genug gequält!

SEREBRJAKOW. Alle habe ich gequält. Natürlich.

JELENA ANDREJEWNA *(unter Tränen).* Unerträglich! Sag, was willst du von mir?

SEREBRJAKOW. Nichts.

JELENA ANDREJEWNA. Dann sei still. Ich bitte dich.

SEREBRJAKOW. Merkwürdig, wenn Iwan Petrowitsch oder diese alte Idiotin Marija Wassiljewna zu reden anfängt, dann hören alle zu. Sage ich aber nur ein Wort, dann fangen alle an, sich unglücklich zu fühlen. Sogar meine Stimme ist ihnen widerwärtig. Nun, nehmen wir an, ich bin widerwärtig, ein Egoist, ein Despot – aber habe ich denn nicht im Alter ein gewisses Recht auf Egoismus? Habe ich mir das nicht verdient? Habe ich denn nicht, frage ich, ein Recht auf ein ruhiges Alter, darauf, daß die Menschen auf mich Rücksicht nehmen?

JELENA ANDREJEWNA. Niemand macht dir deine Rechte streitig.
(Das Fenster wird vom Wind zugeschlagen.)
Es ist windig geworden, ich mache das Fenster zu. *(Sie schließt das Fenster.)* Gleich wird es regnen. Niemand macht dir deine Rechte streitig.
(Pause. Der Nachtwächter im Park klopft an sein Holz und singt ein Lied.)

SEREBRJAKOW. Ein Leben lang für die Wissenschaft leben, sich an sein Arbeitszimmer gewöhnen, an das Auditorium, die geachteten Kollegen und dann plötzlich, unversehens, sich in dieser Totengruft wiederfinden, Tag für Tag hier dumme Menschen sehen, banale Gespräche hören ... Ich will leben, ich liebe den Erfolg, möchte berühmt sein, Betrieb um mich haben ... Aber hier ist es wie in der Verbannung. Jede Minute der Vergangenheit nachtrauern, von den Erfolgen anderer erfahren, Angst vor dem Tod haben ... Das kann ich nicht! Das geht über meine Kräfte! Und hier will man mir noch nicht einmal mein Alter verzeihen!

JELENA ANDREJEWNA. Warte, hab Geduld: In fünf bis sechs Jahren bin auch ich alt.
(Sonja tritt ein.)

SONJA. Papá, du selbst hast Doktor Astrow rufen lassen, und nun, wo er hergefahren ist, lehnst du es ab, ihn zu empfangen. Das ist doch unhöflich. Man hat ihn ganz umsonst bemüht ...

SEREBRJAKOW. Was soll ich mit deinem Astrow? Er versteht soviel von Medizin wie ich von Astronomie.

SONJA. Man kann doch für deine Gicht nicht die ganze medizinische Fakultät herbestellen.

SEREBRJAKOW. Mit diesem Scharlatan werde ich nicht reden.

SONJA. Wie du willst. *(Sie setzt sich.)* Mir ist es gleich.

SEREBRJAKOW. Wie spät ist es jetzt?

JELENA ANDREJEWNA. Eins.

SEREBRJAKOW. Schwül. Sonja, gib mir die Tropfen da auf dem Tisch!

SONJA. Sofort. *(Sie gibt ihm die Tropfen.)*

SEREBRJAKOW *(verärgert)*. Ach, doch nicht die! Um nichts kann man mehr bitten!

SONJA. Bitte, sei nicht so launisch. Manchen Leuten gefällt das vielleicht, aber mich verschon mit deinen Launen, sei so gut! Ich mag das nicht. Und ich habe auch keine Zeit, ich muß morgen früh aufstehen, ich bin in der Heuernte.

(Wojnizkij kommt herein, im Morgenrock und mit einer Kerze.)

WOJNIZKIJ. Draußen zieht ein Gewitter auf.

(Es blitzt.)

Da habt ihr es! Hélène und Sonja, geht schlafen, ich bin gekommen, um euch abzulösen.

SEREBRJAKOW *(erschrocken)*. Nein, nein! Laßt mich nicht allein mit ihm! Nein. Er redet mir zuviel!

WOJNIZKIJ. Aber die müssen nun Ruhe haben! Sie haben ja schon zwei Nächte nicht geschlafen.

SEREBRJAKOW. Dann sollen sie schlafen gehen, aber auch du geh hinaus. Ich danke dir. Ich bitte dich sehr. Um unserer früheren Freundschaft willen, protestier nicht. Wir reden später miteinander.

WOJNIZKIJ *(mit einem spöttischen Lächeln)*. Unserer früheren Freundschaft . . . Früheren . . .

SONJA. Sei still, Onkel Wanja.

SEREBRJAKOW *(zu seiner Frau)*. Meine Liebe, laß mich nicht allein mit ihm! Er redet mir zuviel.

WOJNIZKIJ. Das wird geradezu komisch.

(Marina kommt mit einer Kerze.)

SONJA. Du solltest dich legen, Njanetschka. Es ist spät.

MARINA. Der Samowar ist noch nicht abgeräumt. Da kann man sich doch nicht hinlegen.

SEREBRJAKOW. Alle können nicht schlafen und sind doch ganz erschöpft, nur mir geht es großartig.

MARINA *(geht auf Serebrjakow zu, zärtlich)*. Wie geht's

denn, Batjuschka? Tut's weh? Auch mir kribbeln die Beine, kribbeln immerzu. *(Sie zieht das Plaid zurecht.)* Das ist eine alte Krankheit bei Ihnen. Die selige Wéra Petrówna, Sonetschkas Mutter, hat manchmal nächtelang nicht geschlafen, grämte sich zu Tode ... So sehr hat sie Sie geliebt ...
(Pause.)
Die Alten sind wie Kinder, sie möchten, daß jemand sie bemitleidet, aber sie tun niemand leid. *(Sie küßt Serebrjakow auf die Schulter.)* Gehen wir zu Bett, Batjuschka ... Gehen wir, mein Lieber ... Lindenblütentee geb ich dir zu trinken, wärme dir die Füße ... Beten will ich für dich ...

SEREBRJAKOW *(gerührt).* Gehn wir, Marina.

MARINA. Auch mir, mir kribbeln die Beine, es kribbelt und kribbelt immerzu. *(Sie führt ihn zusammen mit Sonja hinaus.)* Wera Petrowna, damals, grämte sich zu Tode, weinte immerzu ... Du, Sonjuschka, warst damals noch klein und dumm ... Geh schon, geh, Batjuschka ...
(Serebrjakow, Sonja und Marina gehen hinaus.)

JELENA ANDREJEWNA. Ich habe mich so mit ihm gequält. Ich kann mich kaum noch aufrecht halten.

WOJNIZKIJ. Sie mit ihm und ich mit mir selbst. Nun schlaf ich schon die dritte Nacht nicht.

JELENA ANDREJEWNA. Es ist ein Verhängnis in diesem Haus. Ihre Mutter haßt alles, außer ihren Broschüren und dem Professor; der Professor ist gereizt, mir vertraut er nicht, und vor Ihnen hat er Angst; Sonja ärgert sich über ihren Vater, ärgert sich über mich, spricht schon zwei Wochen lang nicht mehr mit mir; Sie hassen meinen Mann und verachten ganz offen Ihre Mutter; ich bin nervös, heute sind mir wohl zwanzigmal schon die Tränen gekommen ... Ein Verhängnis liegt über diesem Haus.

WOJNIZKIJ. Lassen wir die Philosophie!

JELENA ANDREJEWNA. Sie sind gebildet und klug, Iwan Petrowitsch, Sie müßten eigentlich verstehen, daß die Welt nicht durch Räuber und Feuersbrünste untergeht, sondern durch Haß, Feindschaft, durch all diese kleinlichen Reibereien ... Sie sollten nicht murren, sondern alle versöhnen.

WOJNIZKIJ. Erst einmal versöhnen Sie mich mit mir selbst! Meine Liebe ... *(Er beugt sich über ihre Hand.)*

JELENA ANDREJEWNA. Lassen Sie das! *(Sie entzieht ihm ihre Hand.)* Gehen Sie!

WOJNIZKIJ. Jetzt wird es Regen geben, und die ganze Natur wird erfrischt und atmet erleichtert auf. Nur mich wird das Gewitter nicht aufheitern. Tag und Nacht drückt mich wie ein Alptraum der Gedanke, daß mein Leben unwiederbringlich verloren ist. Die Vergangenheit ist hin, in meiner Dummheit habe ich sie mit Nichtigkeiten vergeudet. Und die Gegenwart in ihrer Sinnlosigkeit ist entsetzlich. Da haben Sie mein Leben und meine Liebe: Was soll ich damit machen, wohin damit? Mein Gefühl geht unnütz zugrunde, wie ein Sonnenstrahl, der in eine Grube fällt. Und ich selbst gehe dabei zugrunde.

JELENA ANDREJEWNA. Wenn Sie zu mir von Ihrer Liebe sprechen, stumpfe ich irgendwie ab und weiß nicht, was ich sagen soll. *(Sie will gehen.)* Gute Nacht.

WOJNIZKIJ *(tritt ihr in den Weg)*. Und wenn Sie wüßten, wie mich der Gedanke quält, daß mit mir in diesem Hause noch ein anderes Leben zugrunde geht – Ihres! Worauf warten Sie denn noch? Welche verfluchte Philosophie hindert Sie? Begreifen Sie doch, begreifen Sie ...

JELENA ANDREJEWNA *(schaut ihn aufmerksam an)*. Iwan Petrowitsch, Sie sind betrunken!

WOJNIZKIJ. Vielleicht, mag sein ...

JELENA ANDREJEWNA. Wo ist der Doktor?

WOJNIZKIJ. Er ist drüben ... er übernachtet bei mir. Vielleicht, kann sein ... Alles ist möglich!

JELENA ANDREJEWNA. Und Sie haben heute wieder getrunken? Warum nur?

WOJNIZKIJ. Das sieht immerhin nach Leben aus ... Lassen Sie mich in Ruhe, Hélène!

JELENA ANDREJEWNA. Früher haben Sie nie getrunken und

auch nicht so viel geredet . . . Gehen Sie schlafen! Sie öden mich an.

WOJNIZKIJ *(fällt nieder und will ihre Hand fassen).* Meine Liebe . . . Wunderbare!

JELENA ANDREJEWNA *(ärgerlich).* Lassen Sie mich. Das ist denn doch ekelhaft. *(Sie geht ab.)*

WOJNIZKIJ *(allein).* Weg ist sie . . .

(Pause.)

Vor zehn Jahren bin ich ihr immer bei meiner verstorbenen Schwester begegnet. Damals war sie siebzehn, ich siebenunddreißig. Warum habe ich mich damals nicht in sie verliebt und ihr einen Antrag gemacht? Das wäre doch möglich gewesen! Dann wäre sie jetzt meine Frau . . . Ja . . . Jetzt wären wir beide von diesem Gewitter aufgewacht, sie hätte große Angst gehabt, wenn es donnert. Dann würde ich sie in den Armen halten und ihr zuflüstern: »Hab keine Angst, ich bin bei dir.« Oh, wunderbar, sich das vorzustellen, wie schön, zum Lachen . . . doch, mein Gott, ich bin ganz wirr im Kopf . . . Warum bin ich alt? Warum versteht sie mich nicht? Ihre Rhetorik, ihre träge Moral, die unsinnigen, trägen Gedanken an den Weltuntergang – all das ist mir zutiefst verhaßt.

(Pause.)

Oh, wie ich getäuscht worden bin! Ich habe ihn vergöttert, diesen Professor, diesen elenden Hypochonder, gearbeitet habe ich für ihn wie ein Ochs! Ich und Sonja haben den letzten Saft aus diesem Gut herausgepreßt; wie die Kulaken haben wir mit Öl, mit Erbsen, mit Quark gehandelt, haben uns selbst nicht satt gegessen, um aus Groschen und Kopeken Tausende zusammenzubringen und ihm zu schicken. So stolz war ich auf ihn und seine Wissenschaft, ich habe für ihn gelebt, mich für ihn begeistert! Alles, was er geschrieben und gepredigt hat, ist mir genial vorgekommen . . . Mein Gott, und jetzt? Da ist er nun im Ruhestand, nun erst erkennt man den Ertrag seines Lebens: Keine Seite seines Werkes wird nach ihm Bestand haben, er ist vollkommen unbekannt. Ein Nichts! Eine Seifenblase! Wie bin ich getäuscht worden . . . was für ein dummer Betrug . . . *(Astrow kommt, im Gehrock, ohne Weste und Krawatte; er ist angeheitert; ihm folgt Telegin mit der Gitarre.)*

ASTROW. Spiel!

TELEGIN. Alle schlafen doch!

ASTROW. Spiel!

(Telegin fängt leise an zu spielen.)

ASTROW *(zu Wojnizkij).* Du bist allein hier? Keine Damen? *(Er stemmt die Hände in die Hüften und singt leise.)* »Ofen, Hütte, komm mal her, draußen wird mir's Liegen schwer.« Vom Gewitter bin ich aufgewacht. Ein Regenschauer, der tut gut. Wieviel Uhr haben wir denn?

WOJNIZKIJ. Weiß der Teufel!

ASTROW. Mir war so, als hätte ich die Stimme von Jelena Andrejewna gehört.

WOJNIZKIJ. Die war gerade hier.

ASTROW. Eine tolle Frau. *(Er sieht sich die Arzneifläschchen an, die auf dem Tisch stehen.)* Medikamente. Und was für Rezepte! Aus Charkow, aus Moskau, aus Tula . . . Allen Städten geht er mit seiner Gicht auf die Nerven. Ist er nun krank, oder tut er nur so?

WOJNIZKIJ. Krank ist er.

(Pause.)

ASTROW. Du bist heute so melancholisch? Der Professor tut dir leid, wie?

WOJNIZKIJ. Laß mich.

ASTROW. Oder bist du vielleicht in die Professorin verliebt?

WOJNIZKIJ. Wir sind Freunde.

ASTROW. Schon?

WOJNIZKIJ. Was soll das heißen, dieses »schon«?

ASTROW. Eine Frau kann sich mit einem Mann nur in einer bestimmten Reihenfolge anfreunden: zuerst als Bekannte, dann als Geliebte, erst dann als Freundin.

WOJNIZKIJ. Eine Spießbürger-Philosophie.

ASTROW. Wieso? Na ja . . . Ich muß zugeben, ich werde zum

Spießbürger. Du siehst, ich bin ja auch betrunken. Meist betrinke ich mich nur einmal im Monat. Wenn ich in so einem Zustand bin, dann werde ich frech und dreist bis zum äußersten. Mir ist dann alles leicht! Ich mache mich an die schwierigsten Operationen und meistere sie glänzend; ich mache die tollsten Zukunftspläne; dabei komme ich mir nicht mehr komisch vor und glaube der Menschheit enormen Nutzen zu bringen . . . enormen Nutzen! Und in diesem Zustand habe ich dann auch mein eigenes philosophisches System, und ihr alle, Freundchen, erscheint mir winzig, wie Käferchen . . . Mikroben. *(Zu Telegin.)* Waffel, spiel!

TELEGIN. Mein Lieber, das tät' ich gern für dich, aber begreif doch – die Leute im Haus schlafen!

ASTROW. Spiel!

(Telegin fängt leise an zu spielen.)

Man müßte was zu trinken haben. Gehn wir mal, drüben muß noch Kognak sein. Und wenn's hell wird, fahren wir zu mir. Wolln mer? Ich habe da einen Sanitäter, der sagt nicht »wollen wir«, sondern immer nur »wolln mer«. Ein schrecklicher Schlingel. Also, wolln mer? *(Er sieht Sonja kommen.)* Verzeihung, ich bin ohne Krawatte. *(Er geht schnell hinaus; Telegin geht hinter ihm her.)*

SONJA. Du hast dich wieder mit dem Doktor vollaufen lassen. Da haben sich die richtigen Helden gefunden. Na, der war schon immer so einer, aber du? In deinen Jahren gehört sich das nicht.

WOJNIZKIJ. Die Jahre haben damit nichts zu tun. Wenn es kein richtiges Leben gibt, dann stellt man sich wenigstens vor, man lebte aus dem vollen. Das ist besser als gar nichts.

SONJA. Das Heu haben wir gemäht, aber jeden Tag regnet es. Alles fault, und du, du stellst dir was vor. Du kümmerst dich überhaupt nicht um die Wirtschaft . . . Alles muß ich allein tun, ich bin vollkommen erschöpft . . . *(Erschrokken.)* Onkel, dir kommen ja die Tränen!

WOJNIZKIJ. Wieso Tränen? Das bedeutet nichts . . . Unsinn ... Du hast mich eben angesehen wie deine verstorbene Mutter. Meine liebe ... *(Er küßt innig ihre Hände und ihr Gesicht.)* Meine Schwester ... meine liebe Schwester ... Wo ist sie jetzt? Wenn sie wüßte! Ach, wenn sie wüßte!

SONJA. Was denn? Onkel, wenn sie was wüßte?

WOJNIZKIJ. Schwer ist das, häßlich ... Nichts ... Später ... Nichts ... Ich gehe ... *(Er geht hinaus.)*

SONJA *(klopft an die Tür)*. Michail Lwowitsch! Schlafen Sie nicht? Einen Augenblick!

ASTROW *(hinter der Tür)*. Sofort! *(Nach einer Weile tritt er ein, mit Weste und Krawatte.)* Was befehlen Sie?

SONJA. Trinken Sie nur immer, wenn Sie Lust dazu haben, aber, ich bitte Sie sehr, lassen Sie den Onkel nichts trinken. Ihm schadet das.

ASTROW. Gut, wir werden nicht mehr trinken.
(Pause.)
Jetzt fahre ich gleich nach Hause, zu mir. Beschlossen und verkündet! Bis angespannt ist, wird es schon hell sein.

SONJA. Es regnet. Warten Sie doch bis zum Morgen.

ASTROW. Das Gewitter zieht vorbei. Wir bekommen nur am Rande etwas mit. Ich fahre. Und, bitte sehr, rufen Sie mich doch in Zukunft nicht mehr zu Ihrem Vater. Ich sage ihm, es ist die Gicht, er: Rheumatismus; ich bitte ihn, sich zu legen, er sitzt da. Und heute wollte er sogar überhaupt nicht mehr mit mir sprechen.

SONJA. Er ist verwöhnt. *(Sie sucht etwas im Büfett.)* Wollen Sie etwas essen?

ASTROW. Bitte, geben Sie her.

SONJA. Nachts mag ich gern eine Kleinigkeit. Im Büfett müßte etwas sein. Er soll immer großen Erfolg bei den Damen gehabt haben, und die Damen haben ihn verwöhnt. Da, nehmen Sie etwas Käse. *(Beide stehen am Büfett und essen.)*

ASTROW. Ich habe heute nur getrunken, nichts gegessen. Ihr Vater hat einen schwierigen Charakter. *(Er holt eine Flasche aus dem Büfett.)* Darf man? *(Er gießt sich ein Gläschen ein.)* Hier ist niemand, da kann man offen sprechen. Wissen Sie, in Ihrem Haus würde ich es nicht lange aushalten, glaube ich, ersticken würde ich in dieser Luft . . . Ihr Vater, der nur seine Gicht und seine Bücher kennt, Onkel Wanja mit seiner Hypochondrie, Ihre Großmutter und zu guter Letzt Ihre Stiefmutter . . .

SONJA. Was ist mit der Stiefmutter?

ASTROW. Am Menschen sollte alles schön sein: sein Gesicht, die Kleidung, die Seele und die Gedanken. Schön ist sie, ohne Zweifel, aber . . . sie ißt, schläft, geht spazieren, bezaubert uns alle mit ihrer Schönheit – und weiter nichts. Sie hat keinerlei Pflichten, andere Leute arbeiten für sie . . . So ist es doch, nicht wahr? Und ein müßiges Leben kann nicht rein sein.
(Pause.)
Vielleicht urteile ich zu streng. Ich bin nicht zufrieden mit dem Leben, wie Ihr Onkel Wanja, nun werden wir beide eben zu Nörglern.

SONJA. Sind Sie denn mit dem Leben unzufrieden?

ASTROW. Das Leben im allgemeinen liebe ich, aber unser Leben hier, das provinzielle russische spießbürgerliche Leben kann ich nicht ausstehen und verachte es mit der ganzen Kraft meiner Seele. Und wenn ich von meinem eigenen persönlichen Leben sprechen soll, so finde ich, weiß Gott, absolut nichts Schönes daran. Wissen Sie, wenn man in finsterer Nacht durch den Wald geht und dann von weitem ein Feuerchen scheinen sieht, dann spürt man keine Müdigkeit, keine Dunkelheit, keine Zweige, die einen stechen und einem ins Gesicht schlagen . . . Ich arbeite – das wissen Sie ja – wie niemand sonst hier im Kreis, das Schicksal verfolgt mich unaufhörlich, manchmal leide ich unerträglich. Für mich ist in weiter Ferne kein Feuerchen zu sehen. Für mich erhoffe ich schon nichts mehr, und die Menschen mag ich nicht . . . Schon lange liebe ich niemanden mehr.

SONJA. Niemanden?

ASTROW. Niemanden. Nur zu Ihrer Kinderfrau spüre ich eine

gewisse Zuneigung, aus alter Anhänglichkeit. Die Bauern unterscheiden sich kaum voneinander, sind unentwickelt, leben im Schmutz, und mit den Intelligenzlern wird man schwer fertig. Sie ermüden einen. Sie alle, unsere guten Bekannten, denken beschränkt, fühlen beschränkt und sehen nicht über ihre Nase hinaus – sind schlicht und einfach dumm. Und die, die vernünftiger und stärker sind, werden hysterisch, angeätzt vom Geist der Analyse, der Reflexion . . . Die geben ihre gehässigen Tiraden von sich, verleumden einander, krankhaft, greifen die Menschen von hinten an, werfen scheele Blicke auf sie und stellen fest: »Oh, das ist ein Psychopath!« Oder: »Das ist ein Phrasendrescher!« Und wenn sie gar nicht wissen, was für ein Etikett sie mir auf die Stirn kleben sollen, dann sagen sie: »Das ist ein sonderbarer Mensch, ein Sonderling!« Ich liebe den Wald – das ist sonderbar; ich esse kein Fleisch – auch das ist sonderbar. Eine unmittelbare, reine und freie Beziehung zur Natur und zu den Menschen gibt es schon nicht mehr . . . Nein, es gibt sie nicht! *(Er will wieder trinken.)*

SONJA *(hindert ihn)*. Nein, ich bitte Sie, ich flehe Sie an, trinken Sie nicht mehr.

ASTROW. Weshalb?

SONJA. Das paßt doch nicht zu Ihnen! Sie sind elegant, Sie haben so eine zärtliche Stimme . . . Und mehr noch, Sie, wie niemand von all denen, die ich kenne – Sie sind schön. Warum wollen Sie sich verhalten wie die gewöhnlichen Leute, die trinken und Karten spielen. Tun Sie das doch nicht, ich flehe Sie an! Sie sagen immer, die Menschen brächten nichts Neues hervor, sondern zerstörten nur das, was ihnen von oben geschenkt worden ist. Warum denn, warum nur zerstören Sie sich selbst? Lassen Sie das, hören Sie auf damit, ich flehe Sie an, ich beschwöre Sie.

ASTROW *(reicht ihr die Hand)*. Ich werde nicht mehr trinken.

SONJA. Geben Sie mir Ihr Wort.

ASTROW. Ehrenwort.

SONJA *(drückt ihm fest die Hand)*. Ich danke Ihnen!

ASTROW. Basta! Ich bin wieder nüchtern. Sehen Sie, nun bin ich schon ganz nüchtern und bleibe es bis ans Ende meiner Tage. *(Er blickt auf seine Uhr.)* Also, reden wir weiter. Ich sage: Meine Zeit ist vorbei, zu spät für mich ... Alt bin ich geworden, bin abgearbeitet, verbraucht, abgestumpft sind alle Sinne; ich glaube, ich könnte mich an niemanden mehr anschließen. Ich liebe niemanden mehr ... und werde mich nicht mehr verlieben. Was mich immer noch fasziniert, das ist die Schönheit. Sie läßt mich nicht gleichgültig. Ich glaube, wenn Jelena Andrejewna nur wollte, dann könnte sie mir an einem einzigen Tage den Kopf verdrehen ... Aber das wäre dann keine Liebe, keine Verbundenheit ... *(Er bedeckt seine Augen mit der Hand, ein Schauer überläuft ihn.)*

SONJA. Was ist mit Ihnen?

ASTROW. Nur so ... In der Fastenwoche ist mir ein Patient unterm Chloroform gestorben.

SONJA. Das sollten Sie endlich vergessen.

(Pause.)

Sagen Sie mir, Michail Lwowitsch ... Wenn ich eine Freundin hätte oder eine jüngere Schwester, und wenn Sie dann erführen, daß sie ... nehmen wir mal an, daß sie Sie liebt, was würden Sie dann tun?

ASTROW *(zuckt mit den Schultern).* Ich weiß nicht. Wahrscheinlich nichts. Ich gäbe ihr zu verstehen, daß ich sie nicht lieben kann ... und ich habe auch etwas anderes im Kopf. Lassen wir das, wenn ich fahren will, dann ist es höchste Zeit. Leben Sie wohl, liebe, gute Sonja, sonst kommen wir bis zum Morgen nicht zum Schluß. *(Er drückt ihr die Hand.)* Ich gehe durch den Salon, wenn Sie gestatten, sonst, fürchte ich, hält Ihr Onkel mich auf. *(Er geht hinaus.)*

SONJA *(allein).* Er hat mir nichts gesagt ... Immer noch bleibt sein Inneres mir verschlossen, warum nur fühle ich mich aber doch so glücklich? *(Sie strahlt vor Glück.)* Ich habe zu ihm gesagt: Sie sind elegant, nobel, Sie haben eine so zärtliche Stimme ... War das vielleicht unpassend? Seine Stimme vibriert, umschmeichelt mich ... ich spüre sie geradezu in der Luft. Aber als ich zu ihm von einer jüngeren Schwester sprach, da hat er mich nicht verstanden ... *(Sie ringt die Hände.)* Oh, wie schrecklich, daß ich häßlich bin! Wie entsetzlich! Und ich weiß ja, ich bin häßlich, ich weiß es, ich weiß ... Am vorigen Sonntag, als wir aus der Kirche kamen, hörte ich, wie über mich geredet wurde, und eine Frau hat gesagt: »Sie ist gut und edelmütig; schade nur, daß sie so häßlich ist ...« Häßlich ...

(Jelena Andrejewna kommt.)

JELENA ANDREJEWNA *(öffnet die Fenster).* Das Gewitter ist vorüber. Wie rein die Luft ist!

(Pause.)

Wo ist der Doktor?

SONJA. Er ist weggefahren.

(Pause.)

JELENA ANDREJEWNA. Sophie!

SONJA. Bitte?

JELENA ANDREJEWNA. Wie lange wollen Sie mir noch böse sein? Wir haben einander doch nichts Böses getan. Warum sollen wir denn Feinde sein? Genug davon ...

SONJA. Ich wollte auch schon ... *(Umarmt sie.)* Schluß mit dem Bösesein.

JELENA ANDREJEWNA. Das ist wirklich gut.

(Beide sind erregt.)

SONJA. Hat Papa sich hingelegt?

JELENA ANDREJEWNA. Nein, er sitzt im Salon ... Wir sprechen schon seit Wochen nicht mehr miteinander. Gott weiß, warum ... *(Sie sieht, daß das Büfett offensteht.)* Wie kommt das?

SONJA. Michail Lwowitsch hat zu Abend gegessen.

JELENA ANDREJEWNA. Und Wein steht da ... Kommen Sie, wir trinken Brüderschaft.

SONJA. Ja, trinken wir.

JELENA ANDREJEWNA. Aus einem Glas ... *(Sie schenkt ein.)* So ist's besser. Nun also – du?

SONJA. Du! *(Sie trinken beide und küssen sich.)* Schon längst wollte ich mich aussöhnen, aber immer habe ich mich irgendwie geschämt ... *(Sie weint.)*

JELENA ANDREJEWNA. Warum weinst du denn?

SONJA. Ach nichts, nur so.

JELENA ANDREJEWNA. Es wird schon wieder gut ... *(Sie weint.)* Du komisches Mädchen, nun fange ich auch noch an zu weinen ...

(Pause.)

Du bist mir böse gewesen, weil du gemeint hast, ich hätte deinen Vater aus Berechnung geheiratet ... Wenn du an Schwüre glaubst, so schwöre ich dir: Ich habe ihn aus Liebe geheiratet. Ich habe in ihm einen gelehrten und berühmten Menschen gesehen und war hingerissen. Eine echte Liebe war das nicht, sie war künstlich, aber damals hielt ich sie für echt. Ich bin nicht schuld. Und du hast vom Anfang unserer Ehe an nicht aufgehört, mich mit deinen klugen, mißtrauischen Augen zu strafen.

SONJA. Frieden, Frieden! Vergessen wir es.

JELENA ANDREJEWNA. Du darfst andere nicht so anschauen – das steht dir nicht. Man muß allen glauben, sonst kann man nicht leben.

(Pause.)

SONJA. Sag mir ehrlich, als Freundin ... Bist du glücklich?

JELENA ANDREJEWNA. Nein.

SONJA. Das habe ich gewußt. Noch eine Frage. Sag offen: Wärst du lieber mit einem jungen Mann verheiratet?

JELENA ANDREJEWNA. Was bist du doch noch für ein Kind. Natürlich wäre mir das lieber! *(Sie lacht.)* Nun, frag mich noch weiter aus, frag nur ...

SONJA. Gefällt dir der Doktor?

JELENA ANDREJEWNA. Ja, sehr.

SONJA *(lacht)*. Nun mache ich ein dummes Gesicht ... ja? Eben ist er weggegangen, aber ich höre seine Stimme noch und seine Schritte und schaue in das dunkle Fenster – dort erscheint mir sein Gesicht. Laß mich alles sagen ... Aber ich kann nicht so laut sprechen, ich schäme mich. Gehen wir in mein Zimmer und reden da weiter. Ich komme dir wohl ganz dumm vor? Gib's nur zu ... Sag mir etwas über ihn ...

JELENA ANDREJEWNA. Was denn?

SONJA. Er ist klug ... Er versteht alles, kann alles ... Er heilt die Menschen, und er pflanzt Wälder ...

JELENA ANDREJEWNA. Der Wald ist nicht die Hauptsache und auch nicht die Medizin ... Meine Liebe, versteh doch, es ist das Talent! Und weißt du, was das heißt, Talent? Kühnheit, ein freier Geist, großer Elan ... Er setzt ein Bäumchen und sieht schon vor sich, was daraus in tausend Jahren werden wird, ihm schwebt schon das Glück der Menschheit vor. Solche Menschen findet man selten, die muß man lieben ... Er trinkt, ist manchmal ein wenig barsch – was macht das schon? Ein talentierter Mensch in Rußland kann nicht rein und makellos sein. Überleg mal, was für ein Leben dieser Doktor führen muß! Undurchdringlicher Morast auf den Straßen, der Frost, Schneestürme, riesige Entfernungen, ein grobes Volk, wild, ringsum Not, Krankheit. Unter solchen Umständen kann ein Mensch, der Tag für Tag zu arbeiten und zu kämpfen hat, mit vierzig Jahren seine Reinheit und Nüchternheit wohl kaum noch bewahrt haben ... *(Küßt sie.)* Ich wünsche dir von Herzen, glücklich zu werden, du hast es verdient ... *(Sie steht auf.)* Aber ich bin eine langweilige Person, episodisch ... Überall, in der Musik, im Hause meines Mannes, in allen Romanen war ich immer nur die episodische Figur. Im Grunde, Sonja, wenn man sich da hineindenkt, bin ich sehr, sehr unglücklich! *(Sie geht erregt auf der Bühne auf und ab.)* Es gibt auf dieser Welt kein Glück für mich. Nein! Was lachst du?

SONJA *(lacht, verdeckt ihr Gesicht mit der Hand).* Ich bin so glücklich ... glücklich!

JELENA ANDREJEWNA. Ich möchte etwas spielen ... Ich habe jetzt Lust zu spielen.

SONJA. Spiel nur. *(Sie umarmt sie.)* Ich kann nicht schlafen ... Spiel doch!

JELENA ANDREJEWNA. Gleich. Dein Vater schläft nicht. Wenn er krank ist, stört ihn die Musik. Geh und frag ihn. Wenn er nichts dagegen hat, fange ich an. Geh.

SONJA. Sofort. *(Sie geht hinaus.)*

(Im Park klopft der Nachtwächter an sein Brett.)

JELENA ANDREJEWNA. So lange habe ich schon nicht mehr gespielt. Ich möchte spielen und weinen, weinen wie ein dummes Ding. *(Durchs Fenster.)* Bist du es, Jefim, der da klopft?

DIE STIMME DES NACHTWÄCHTERS. Ich!

JELENA ANDREJEWNA. Klopf nicht weiter, der Herr fühlt sich nicht wohl.

DIE STIMME DES NACHTWÄCHTERS. Ich geh schon, gleich! *(Er pfeift seine Hunde heran.)* He, ihr da, Schutschka, Junge, Schutschka!

SONJA *(kommt zurück)*. Du darfst nicht!

(Pause.)

Vorhang.

Dritter Akt

Ein Salon im Hause Serebrjakow. Drei Türen: rechts, links und in der Mitte. – Es ist Tag.
Wojnizkij und Sonja sitzen im Salon, Jelena Andrejewna geht nachdenklich auf und ab.

WOJNIZKIJ. Der Herr Professor beliebte den Wunsch zu äußern, wir alle möchten uns heute um ein Uhr in seinem Salon versammeln. *(Er schaut auf die Uhr.)* Es ist Viertel vor eins. Er will der Welt etwas kundtun.

JELENA ANDREJEWNA. Wahrscheinlich etwas über irgendein Werk.

WOJNIZKIJ. Werke hat er gar keine. Er schreibt nur dummes Zeug, nörgelt herum und ist eifersüchtig, sonst tut er nichts.

SONJA *(in vorwurfsvollem Ton).* Onkel!

WOJNIZKIJ. Na ja, entschuldige. *(Er zeigt auf Jelena Andrejewna.)* Da, schaut sie euch an. Wie sie einhergeht und fast umfällt vor Lässigkeit. Wie reizend! Ganz reizend!

JELENA ANDREJEWNA. Und Sie schwirren hier den ganzen Tag herum. Das soll einem nicht auf die Nerven gehen! *(Bedrückt.)* Ich sterbe vor Langeweile, ich weiß nicht, was ich tun soll.

SONJA *(achselzuckend).* Als wenn es nichts zu tun gäbe! Du müßtest bloß wollen.

JELENA ANDREJEWNA. Zum Beispiel?

SONJA. Beschäftige dich im Haushalt, gib Unterricht, kümmere dich um Kranke. Ist das wenig? Als du und Vater noch nicht hier wart, da sind wir, Onkel Wanja und ich, selbst zum Markt gefahren und haben Mehl gekauft.

JELENA ANDREJEWNA. Davon verstehe ich nichts. Und das interessiert mich auch nicht. Daß man den Bauern Unterricht gibt und Kranke pflegt, das kommt nur in tendenziösen Romanen vor. Wie komme ich denn dazu, so mir nichts, dir nichts, Leute zu pflegen und zu unterrichten?

SONJA. Und gerade das verstehe ich nicht, wieso du nicht einfach hingehen und sie unterrichten kannst. Wenn du ein bißchen Geduld hast, dann gewöhnst du dich daran. *(Umarmt sie.)* Langweile dich nicht, meine Liebe. *(Lachend.)* Du langweilst dich, weißt nicht, wohin mit dir, aber Langeweile und Untätigkeit sind ansteckend. Schau, Onkel Wanja tut nichts und läuft nur hinter dir her wie dein Schatten. Ich habe meine Arbeit auch liegengelassen und bin zu dir gelaufen, um mit dir zu reden. Faul bin ich geworden, so geht's nicht weiter! Doktor Michail Lwowitsch ist früher sehr selten zu uns gekommen, einmal im Monat, es war schwer, ihn dazu zu bringen, aber nun kommt er jeden Tag herüber. Seine Wälder und die Medizin hat er im Stich gelassen. Eine Zauberin bist du, so muß es wohl sein.

WOJNIZKIJ. Warum quält ihr euch gegenseitig? *(Lebhaft.)* Na, meine Liebe, mein Prachtstück, seien Sie doch gescheit! In Ihren Adern fließt Nixenblut. Seien Sie doch auch eine Nixe! Lassen Sie Ihren Gefühlen wenigstens einmal im Leben freien Lauf und verlieben Sie sich in irgendeinen Wassermann bis über beide Ohren, und dann platsch, kopfüber in die Tiefe, so daß der Herr Professor und wir alle nur noch die Hände über dem Kopf zusammenschlagen können!

JELENA ANDREJEWNA *(zornig)*. Lassen Sie mich in Ruhe! Wie grausam das ist! *(Sie will hinausgehen.)*

WOJNIZKIJ *(läßt sie nicht gehen)*. Nun, nun, meine Freude, verzeihen Sie . . . Ich entschuldige mich. *(Er küßt ihre Hand.)* Frieden.

JELENA ANDREJEWNA. Auch ein Engel hätte nicht Geduld genug, das müssen Sie einsehen.

WOJNIZKIJ. Zum Zeichen des Friedens und der Harmonie werde ich gleich einen Rosenstrauß bringen, ich habe ihn heute morgen schon für Sie geschnitten ... Es sind Herbstrosen – herrliche, traurige Rosen ... *(Er geht hinaus.)*

SONJA. Herbstrosen – herrliche, traurige Rosen ...
(Beide schauen zum Fenster hinaus.)

JELENA ANDREJEWNA. Nun ist schon September. Irgendwie werden wir den Winter hier verbringen!
(Pause.)
Wo ist der Doktor?

SONJA. In Onkel Wanjas Zimmer. Er schreibt etwas. Ich bin froh, daß Onkel Wanja gegangen ist, ich muß mit dir reden.

JELENA ANDREJEWNA. Worüber?

SONJA. Worüber? *(Sie lehnt den Kopf an Jelenas Brust.)*

JELENA ANDREJEWNA. Nun, laß doch ... *(Streicht ihr über das Haar.)* Laß, hör auf.

SONJA. Ich bin häßlich.

JELENA ANDREJEWNA. Du hast sehr schönes Haar.

SONJA. Nein! *(Sie dreht sich um und betrachtet sich im Spiegel.)* Nein! Immer wenn eine Frau häßlich ist, dann sagt man ihr: »Schöne Augen, schönes Haar haben Sie« ... Ich liebe ihn schon sechs Jahre, ich liebe ihn mehr als meine Mutter; jede Minute höre ich ihn, fühle ich den Druck seiner Hand; und ich schaue zur Tür und warte, und mir ist, als müsse er gleich ins Haus treten. Und nun, du siehst ja, komme ich immer wieder zu dir, um über ihn zu sprechen. Jetzt ist er Tag für Tag bei uns, aber mich schaut er nicht an, er sieht mich nicht ... Es ist eine Qual! Ich habe keine Hoffnung mehr, nein, nein! *(Verzweifelt.)* O Gott, gib mir Kraft ... Die ganze Nacht habe ich gebetet ... Oft gehe ich zu ihm und fange ein Gespräch mit ihm an, schaue ihm in die Augen ... Meinen Stolz habe ich verloren, keine Kraft mehr, mich zu beherrschen ... Ich konnte nicht an mich halten und habe gestern Onkel Wanja gestanden, daß ich ihn liebe ... Und alle Dienstboten wissen, daß ich ihn liebe. Alle wissen es.

JELENA ANDREJEWNA. Und er?

SONJA. Nein. Er bemerkt mich nicht.

JELENA ANDREJEWNA *(nachdenklich).* Ein seltsamer Mensch ist er ... Weißt du was? Laß mich mal mit ihm sprechen ... vorsichtig, in Andeutungen ...
(Pause.)
Wirklich, wie lange soll man im ungewissen bleiben ... Laß mich mal. *(Sonja nickt zustimmend.)* Na schön, ob er dich liebt oder nicht – das ist nicht schwer herauszubekommen. Reg dich nicht auf, meine Gute, sei unbesorgt, ich werde ihn ganz vorsichtig ausfragen, das wird er gar nicht merken. Wir wollen ja nur wissen: ja oder nein? Wenn nein, dann soll er nicht mehr hierbleiben. Nicht wahr?
(Sonja nickt zustimmend.)
Es ist leichter, wenn du ihn nicht mehr siehst. Wir wollen die Sache nicht auf die lange Bank schieben, wir fragen ihn gleich. Er wollte mir irgendwelche Zeitungen zeigen ... Geh und sag, daß ich ihn sehen möchte.

SONJA *(sehr erregt).* Und wirst du mir die volle Wahrheit sagen?

JELENA ANDREJEWNA. Ja, natürlich. Ich glaube, die Wahrheit, wie sie auch ausfällt, ist jedenfalls nicht so schrecklich wie diese Ungewißheit ... Verlaß dich auf mich, mein Kind.

SONJA. Ja, ja ... Ich werde ihm sagen, daß du seine Zeichnungen sehen willst ... *(Sie geht und bleibt an der Tür stehen.)* Nein, die Ungewißheit ist doch besser ... Da hat man doch noch Hoffnung.

JELENA ANDREJEWNA. Was sagst du?

SONJA. Nichts. *(Sie geht hinaus.)*

JELENA ANDREJEWNA *(allein).* Nichts schlimmer, als fremde Geheimnisse zu kennen und nicht helfen zu können. *(Nachdenkend.)* Er ist nicht in sie verliebt – das ist klar, aber warum sollte er sie nicht heiraten? Schön ist sie nicht, aber für einen Landarzt in seinen Jahren wäre sie eine sehr gute Ehefrau. Sie ist klug und so gutmütig und rein ... Nein, das ist es nicht, das nicht ...

(Pause.)
Ich verstehe das arme Mädchen. In diesem trostlosen Einerlei, wo statt Menschen nur graue Flecken vorüberziehen, wo man nichts als Banalitäten hört, nur ans Essen, Trinken, Schlafen denkt, erscheint mit einem Male er, der so anders ist als die andern, schön, interessant, bezaubernd, als tauchte aus Finsternissen der helle Mond auf ... Sich dem Charme eines solchen Menschen zu überlassen, sich zu vergessen ... Auch ich, glaube ich, habe mich ein wenig bezaubern lassen. Ja, ohne ihn langweile ich mich, ich brauche nur an ihn zu denken, schon lächle ich ... Da sagt dieser Onkel Wanja, in meinen Adern flösse Nixenblut. »Lassen Sie Ihren Gefühlen wenigstens einmal im Leben freien Lauf!« Wie denn? Mag sein, daß ich das nötig hätte ... Wegfliegen wie ein Vogel, weg von euch allen, weg von euren schläfrigen Physiognomien, weg von eurem Gerede, vergessen, daß es euch gibt auf der Welt ... Aber feige bin ich, schüchtern ... Mich quält mein Gewissen ... Tag für Tag lebt er nun bei uns. Ich ahne, weshalb er bei uns bleibt, und schon fühle ich mich schuldig, bereit, Sonja zu Füßen zu fallen, um Verzeihung zu bitten, zu weinen ...

ASTROW *(kommt mit einer Landkarte).* Guten Tag! *(Er drückt ihr die Hand.)* Sie wollten sehen, was ich gemalt habe?

JELENA ANDREJEWNA. Gestern haben Sie versprochen, mir ihre Arbeiten zu zeigen ... Haben Sie jetzt Zeit?

ASTROW. Oh, natürlich. *(Er breitet die Papiere auf dem Spieltisch aus und befestigt sie mit Reißzwecken.)* Wo sind Sie geboren?

JELENA ANDREJEWNA *(hilft ihm).* In Petersburg.

ASTROW. Und haben Sie eine Ausbildung erhalten?

JELENA ANDREJEWNA. Im Konservatorium.

ASTROW. Für Sie ist dies hier sicher uninteressant.

JELENA ANDREJEWNA. Wieso? Ja, das ist wohl wahr, das

Leben auf dem Land kenne ich nicht. Aber ich habe viel gelesen.

ASTROW. Hier im Hause habe ich einen Arbeitstisch für mich ... im Zimmer von Iwan Petrowitsch. Wenn ich mal ganz erschöpft bin, bis zur völligen Abstumpfung, dann lasse ich alles liegen und stehen, eile hierher und vergnüge mich ein, zwei Stunden mit diesem Zeitvertreib ... Iwan Petrowitsch und Sofja Alexandrowna klappern mit ihren Rechenbrettern, und ich sitze neben ihnen an meinem Tisch und pinsele und fühle mich warm und wohl, und die Heimchen zirpen. Aber das Vergnügen erlaube ich mir nicht oft, einmal im Monat ... *(Er zeigt auf die Pläne.)* Schauen Sie mal her! Das ist die Karte unseres Kreises, wie er vor fünfzig Jahren ausgesehen hat. Die dunkel- und hellgrüne Farbe bedeutet die Wälder. Die Hälfte des Gebiets war mit Wald bedeckt. Wo die grünen Flächen rot schraffiert sind, da gab es Elche, Rehe ... Ich zeige hier die Flora und die Fauna. Auf diesem See lebten Schwäne und Gänse, Enten und, wie die alten Leute sagen, jede Menge Vögel gab es, von allen möglichen Arten, wie eine Wolke flogen sie auf. Außer den großen und kleinen Dörfern, sehen Sie, gab es verstreut noch die verschiedensten Siedlungen, Vorwerke, Einsiedeleien von Altgläubigen, Wassermühlen ... Rindvieh und Pferde gab es viele. Sie erkennen das an der blauen Farbe. In diesem Landkreis zum Beispiel ist die blaue Farbe ganz dicht: Da gab es große Pferdeherden, auf jeden Hof kamen drei Pferde.
(Pause.)
Und nun sehen wir uns mal unten an, was vor fünfundzwanzig Jahren war. Damals war noch ein Drittel der Gesamtfläche mit Wald bestanden. Keine Rehe mehr, aber Elche gab es noch. Die grüne und die blaue Färbung wird schon blasser. Und so weiter und so weiter. Nun zum dritten Teil: das gegenwärtige Bild des Kreises. Da und dort sieht man das Grüne noch, aber nicht mehr dicht, nur noch fleckenweise: verschwunden sind die Elche und die

Schwäne und das Auerwild . . . Von den früheren Siedlungen, Vorwerken, Einsiedeleien und Mühlen keine Spur mehr. Ganz allgemein das Bild eines allmählichen, unzweifelhaften Verfalls, der vielleicht noch zehn bis fünfzehn Jahre braucht, um zur völligen Verwüstung zu führen. Sie werden sagen, daß hier kulturelle Einflüsse sich auswirken, daß es ganz natürlich sei, wenn das alte Leben dem neuen weichen muß. Ja, das würde ich verstehen, wenn an die Stelle der vernichteten Waldbestände Landstraßen und Eisenbahnen getreten, wenn dort Fabriken, Industriebetriebe, Schulen entstanden wären. Dann wäre das Volk gesünder, wohlhabender, gebildeter geworden. Aber es gibt doch nichts dergleichen! In unserm Landkreis haben wir immer noch dieselben Sümpfe, die Mücken, den Mangel an Wegen, Armut, Typhus, Diphtherie, die Brände . . . Dieser Verfall ist die Folge eines Existenzkampfes, der unsere Kräfte übersteigt, ein Verfall durch Dumpfheit, Unwissenheit, durch den völligen Mangel an Selbstbewußtsein bei frierenden, hungernden, kranken Menschen, die, um das kärgliche Leben zu retten, das ihnen bleibt, um ihre Kinder zu schützen, instinktiv und unbewußt nach allem greifen, was den Hunger mildern, den Körper wärmen könnte, und damit alles zerstören, ohne an den morgigen Tag zu denken . . . Vernichtet ist schon fast alles. Neu geschaffen, als Ersatz für die Zerstörung, ist noch nichts. *(Kalt.)* Ich sehe Ihnen an, das alles ist für Sie nicht interessant.

JELENA ANDREJEWNA. Aber davon verstehe ich so wenig . . .

ASTROW. Zu verstehen gibt es da nichts. Es ist Ihnen einfach uninteressant.

JELENA ANDREJEWNA. Offen gestanden, ich war mit meinen Gedanken woanders. Verzeihen Sie. Ich muß ein kleines Verhör mit Ihnen anstellen, und ich bin in Verlegenheit, ich weiß nicht, wie ich es anfange.

ASTROW. Ein Verhör?

JELENA ANDREJEWNA. Ja, ein Verhör, aber . . . ein ziemlich harmloses. Setzen wir uns!

(Sie setzen sich.)
Die Sache betrifft eine junge Person. Wir wollen wie aufrichtige Menschen miteinander reden, offen und geradeheraus, wie Freunde. Sprechen wir miteinander und vergessen dann, wovon die Rede war. Ja?

ASTROW. Ja.

JELENA ANDREJEWNA. Die Sache betrifft meine Stieftochter Sonja. Gefällt sie Ihnen?

ASTROW. Ja, ich schätze sie sehr.

JELENA ANDREJEWNA. Gefällt sie Ihnen als Frau?

ASTROW *(zögernd)*. Nein.

JELENA ANDREJEWNA. Noch ein paar Worte und damit Schluß: Haben Sie nichts bemerkt?

ASTROW. Nichts.

JELENA ANDREJEWNA *(nimmt ihn bei der Hand)*. Sie lieben sie nicht, ich sehe es Ihnen an . . . Sie leidet so sehr . . . Verstehen Sie das . . . und bleiben Sie nicht länger hier.

ASTROW *(steht auf)*. Meine Zeit ist um . . . ja, es ist keine Zeit mehr . . . *(Er zuckt mit den Schultern.)* Wann soll ich? *(Er ist erregt.)*

JELENA ANDREJEWNA. Hu, was für ein unangenehmes Gespräch! Es hat mich so aufgeregt, als hätte ich tausend Pud zu schleppen gehabt. Nun, Gott sei Dank, sind wir damit fertig. Vergessen wir es, tun so, als hätten wir überhaupt nicht miteinander gesprochen und . . . und Sie reisen ab. Sie sind ein kluger Mensch und werden einsehen . . .
(Pause.)
Ich bin ganz rot geworden.

ASTROW. Hätten Sie mir das vor ein, zwei Monaten gesagt, dann, bitte, hätte ich es mir nochmal überlegt, aber jetzt . . . *(Er zuckt mit den Schultern.)* Doch wenn sie leidet, dann, natürlich . . . Nur eins begreife ich nicht: Wozu brauchten Sie dies Verhör? *(Er schaut ihr in die Augen und droht mit dem Finger.)* Sie sind eine ganz Schlaue!

JELENA ANDREJEWNA. Was soll das heißen?

ASTROW *(lachend)*. Schlau sind Sie! Nehmen wir an, Sonja

leidet, das will ich gern glauben, aber Sie, warum verhören Sie mich denn? *(Er kommt ihrer Antwort zuvor. Lebhaft.)* Verzeihen Sie und machen Sie kein so erstauntes Gesicht. Sie wissen doch sehr gut, weshalb ich mich jeden Tag hier aufhalte ... weshalb und wessentwegen ich immer hier bin, das wissen Sie doch sehr wohl. Liebes Raubtierchen, starren Sie mich nicht so an, mich alten Spatz ...

JELENA ANDREJEWNA *(verständnislos).* Raubtierchen? Ich verstehe kein Wort.

ASTROW. Ein schöner, seidenweicher Iltis ... Sie brauchen Beute! Und ich tue schon den ganzen Monat gar nichts mehr, lasse alle Arbeit liegen, gierig auf der Suche nach Ihnen – und das gefällt Ihnen schrecklich gut, schrecklich ... Und nun? Ich bin besiegt, das wußten Sie doch auch ohne Verhör. *(Er kreuzt die Arme vor der Brust und senkt den Kopf.)* Ich unterwerfe mich Ihnen. Hier stehe ich. Fressen Sie mich!

JELENA ANDREJEWNA. Sie haben den Verstand verloren!

ASTROW *(lacht und läßt die Zähne sehen).* Sie genieren sich ...

JELENA ANDREJEWNA. Oh, ich bin besser und stehe höher als Sie denken! Das schwöre ich Ihnen! *(Sie will fortgehen.)*

ASTROW *(versperrt ihr den Weg).* Heute fahre ich ab, ich bleibe nicht hier, aber ... *(Er faßt ihre Hand und blickt sie an.)* Wo werden wir uns wiedersehen? Sagen Sie rasch: wo? Gleich kann jemand kommen, sagen Sie mir schnell ... *(Leidenschaftlich).* Sie wunderbare, herrliche ... Einen Kuß ... Ich möchte nur Ihre duftenden Haare küssen ...

JELENA ANDREJEWNA. Ich schwöre Ihnen ...

ASTROW *(hindert sie weiterzusprechen).* Warum schwören? Keine Schwüre. Keine überflüssigen Worte ... Oh, wie schön Sie sind! Welche Hände! *(Er küßt ihre Hände.)*

JELENA ANDREJEWNA. Hören Sie auf, genug jetzt ... gehen Sie ... *(Sie entzieht ihm die Hände.)* Sie vergessen sich.

ASTROW. Sagen Sie mir nur, sagen Sie mir, wo wir uns morgen wiedersehen? *(Er umfaßt ihre Taille.)* Du siehst doch, es ist unvermeidlich, wir müssen uns sehen. *(Er küßt sie. In diesem Augenblick tritt Wojnizkij ein mit einem Strauß Rosen. Er bleibt in der Tür stehen.)*

JELENA ANDREJEWNA *(sieht Wojnizkij nicht).* Verschonen Sie mich ... Lassen Sie mich ... *(Sie lehnt ihren Kopf an Astrows Brust.)* Nein! *(Sie will hinausgehen.)*

ASTROW *(hält sie um die Taille gefaßt).* Komm morgen ins Forsthaus ... gegen zwei ... Ja? Ja? Du kommst doch?

JELENA ANDREJEWNA *(hat Wojnizkij gesehen).* Lassen Sie mich! *(Sie geht in starker Erregung zum Fenster.)* Es ist schrecklich.

WOJNIZKIJ *(legt den Strauß auf einen Stuhl; er trocknet sich erregt mit einem Taschentuch das Gesicht und den Hals unterm Kragen).* Macht nichts ... Ja ... Macht nichts ...

ASTROW *(verärgert).* Heute, hochverehrter Iwan Petrowitsch, ist das Wetter nicht so übel. Morgens war es trüb, als wenn es Regen geben wollte, aber nun scheint die Sonne. Genaugenommen, ist der Herbst schön geraten ... Und die Wintersaat steht ganz ordentlich. *(Er rollt die Landkarte zusammen und steckt sie in die Rolle.)* Nur eben, die Tage sind kürzer geworden ... *(Er geht hinaus.)*

JELENA ANDREJEWNA *(geht rasch auf Wojnizkij zu).* Bemühen Sie sich, setzen Sie allen Ihren Einfluß ein, daß ich und mein Mann noch heute von hier abreisen können! Hören Sie? Noch heute!

WOJNIZKIJ *(wischt sich sein Gesicht ab).* Wie? Nun ja ... gut ... Ich, Hélène, ich habe alles gesehen, alles ...

JELENA ANDREJEWNA *(nervös).* Hören Sie? Ich muß noch heute abreisen!

(Serebrjakow, Sonja, Telegin und Marina treten ein.)

TELEGIN. Auch ich, Eure Exzellenz, bin irgendwie nicht ganz gesund. Schon seit zwei Tagen fühle ich mich schlecht. Mein Kopf ist irgendwie so ...

SEREBRJAKOW. Wo sind die andern? Ich mag dies Haus nicht! Irgendwie ein Labyrinth. Sechsundzwanzig riesige Zimmer, alle verlaufen sich darin, und nie findet man jemanden. *(Er läutet.)* Bitten Sie Marija Wassiljewna und Jelena Andrejewna hierher!

JELENA ANDREJEWNA. Ich bin hier.

SEREBRJAKOW. Bitte, meine Herrschaften, setzen Sie sich.

SONJA *(geht ungeduldig zu Jelena Andrejewna).* Was hat er gesagt?

JELENA ANDREJEWNA. Nachher.

SONJA. Du zitterst? Du bist erregt? *(Sie schaut ihr forschend ins Gesicht.)* Ich verstehe ... Er hat gesagt, daß er nicht mehr herkommen wird ... Ja?

(Pause.)

Sag doch: Ja?

(Jelena Andrejewna nickt bestätigend.)

SEREBRJAKOW *(zu Telegin).* Man kann sich noch damit abfinden, daß man nicht gesund ist, wohl oder übel, aber was ich nicht ertragen kann, ist diese Art des Landlebens. Irgendwie habe ich das Gefühl, ich wäre von der Erde auf irgendeinen fremden Planeten gefallen. Setzen Sie sich, meine Herrschaften, bitte sehr. Sonja!

(Sonja hört ihn nicht, sie steht da und läßt traurig den Kopf hängen.)

Sonja!

(Pause.)

Sie hört nicht. *(Zu Marina.)* Auch du, Njanja, setz dich. *(Die Njanja setzt sich und strickt an einem Strumpf.)* Bitte, meine Herrschaften. Hängen Sie, sozusagen, Ihre Ohren an den Nagel der Aufmerksamkeit. *(Er lacht.)*

WOJNIZKIJ *(gereizt).* Ich werde vielleicht nicht benötigt? Kann ich gehen?

SEREBRJAKOW. Nein, du wirst hier mehr als alle benötigt.

WOJNIZKIJ. Was wünschen Sie von mir?

SEREBRJAKOW. Sie? ... Was ärgert dich denn?

(Pause.)

Wenn ich dir irgendwie Unrecht getan habe, dann entschuldige bitte.

WOJNIZKIJ. Laß diesen Ton. Kommen wir zur Sache ... Was willst du?

(Marija Wassiljewna tritt ein.)

SEREBRJAKOW. Da kommt auch Maman. Meine Herrschaften, ich beginne.

(Pause.)

Ich habe Sie eingeladen, meine Herrschaften, um Ihnen mitzuteilen, daß ein Revisor zu uns kommt![1] Nun aber Spaß beiseite. Die Sache ist ernst. Ich, meine Herrschaften, habe Sie versammelt, um Rat und Hilfe von Ihnen zu erbitten, und ich hoffe, weil ich Ihre immerwährende Liebenswürdigkeit kenne, daß ich beides erhalten werde. Ich bin ein Gelehrter, ein Büchermensch. Das praktische Leben war mir immer fremd. Ohne die Ratschläge erfahrener Menschen kann ich nicht auskommen, und ich bitte dich, Iwan Petrowitsch, und Sie da, Ilja Iljitsch, Sie Maman ... Die Sache ist die, manet omnes una nox, das heißt, wir alle stehen in Gottes Hand. Ich bin alt, krank, und finde es darum an der Zeit, meine Vermögensverhältnisse soweit zu regulieren, als sie meine Familie betreffen. Mein Leben ist abgeschlossen, an mich denke ich nicht, aber ich habe eine junge Frau, eine unverheiratete junge Tochter.

(Pause.)

Weiter auf dem Lande zu leben, ist mir unmöglich. Wir sind für das Leben auf dem Lande nicht geschaffen. Aber in der Stadt zu leben, mit den Mitteln, die wir aus diesem Gut beziehen, das ist ebenfalls unmöglich. Nehmen wir mal an, wir verkauften den Wald, so wäre das eine extraordinäre Maßnahme, auf die man nicht jedes Jahr zurückgreifen kann. Gesucht werden muß nach Maßnahmen, die uns einen ständigen, mehr oder weniger feststehenden Betrag an Einnahmen garantieren würden. Eine solche Maßnahme habe ich mir ausgedacht und habe nun die Ehre, sie Ihnen zur Beurteilung vorzulegen. Unter Außerachtlas-

1 Mit diesen Worten beginnt Nikolaj Gogols berühmte Komödie *Der Revisor*.

sung der Details stelle ich sie Ihnen in großen Zügen dar: Unser Gut hat im Durchschnitt einen Ertrag von nicht mehr als zwei Prozent. Ich schlage vor, es zu verkaufen. Wenn wir den Erlös in Wertpapieren anlegen, so werden wir vier bis fünf Prozent bekommen, und ich denke, es wird uns sogar ein Überschuß von ein paar Tausend verbleiben, der uns gestattet, uns in Finnland eine kleine Datscha zu kaufen.

WOJNIZKIJ. Halt . . . Ich glaube, ich höre nicht recht. Wiederhol, was du gesagt hast.

SEREBRJAKOW. Die Gelder in Wertpapieren anlegen und für den Überschuß eine Datscha in Finnland kaufen.

WOJNIZKIJ. Nicht Finnland . . . Du hast doch noch was anderes gesagt.

SEREBRJAKOW. Ich schlage vor, das Gut zu verkaufen.

WOJNIZKIJ. Da haben wir's. Du verkaufst das Gut. Großartig, eine glänzende Idee . . . Und was befiehlst du weiter, wohin mit mir, mit meiner alten Mutter und mit Sonja?

SEREBRJAKOW. Das alles werden wir zu gegebener Zeit erörtern. Nicht alles auf einmal.

WOJNIZKIJ. Halt. Offenbar habe ich bis heute nicht einen Funken gesunden Menschenverstandes besessen. Bis heute besaß ich die Dummheit zu glauben, das Gut gehöre Sonja. Mein seliger Vater hat dies Gut als Mitgift für meine Schwester gekauft. Bis heute bin ich naiv gewesen, habe die Gesetze nicht auf türkische Manier ausgelegt und gemeint, das Gut sei von meiner Schwester auf Sonja übergegangen.

SEREBRJAKOW. Ja, das Gut gehört Sonja. Wer bestreitet das? Ohne Sonjas Einverständnis werde ich mich nicht entschließen, es zu verkaufen. Außerdem schlage ich das doch zum Wohle von Sonja vor.

WOJNIZKIJ. Das ist doch unfaßbar, nicht zu fassen! Entweder hab ich den Verstand verloren oder . . . oder . . .

MARIJA WASSILJEWNA. Jean, widersprich Alexander nicht. Glaub nur, er weiß besser, was gut und was schlecht ist.

WOJNIZKIJ. Nein, gebt mir Wasser. *(Er trinkt Wasser.)* Reden Sie was Sie wollen, was Sie wollen!

SEREBRJAKOW. Ich verstehe nicht, warum du dich aufregst. Ich sage doch nicht, mein Projekt sei ideal. Wenn alle es ungeeignet finden, werde ich nicht darauf bestehen. *(Pause.)*

TELEGIN *(verlegen).* Ich, Eure Exzellenz, hege der Wissenschaft gegenüber nicht nur Ehrfurcht, sondern auch verwandtschaftliche Gefühle. Den Bruder der Frau meines Bruders Grigórij Iljítsch, Konstantín Trofímow Lakedemónow, belieben Sie vielleicht zu kennen. Er war Magister ...

WOJNIZKIJ. Sei still, Waffel, bleiben wir bei der Sache ... Warte, nachher ... *(Zu Serebrjakow.)* Hier, frag doch ihn. Das Gut ist damals seinem Onkel abgekauft worden.

SEREBRJAKOW. Ach, was soll ich noch fragen? Wozu?

WOJNIZKIJ. Dies Gut ist seinerzeit für fünfundneunzigtausend gekauft worden. Vater zahlte nur siebzig und ließ fünfundzwanzigtausend als Schuld stehen. Nun hört mal zu ... Das Gut hätte nicht gekauft werden können, hätte ich nicht auf mein Erbteil zugunsten meiner Schwester verzichtet, die ich heiß geliebt habe. Und nicht nur das, zehn Jahre habe ich geschuftet wie ein Ochse und habe die ganze Schuld bezahlt.

SEREBRJAKOW. Ich bedauere, daß ich dies Gespräch begonnen habe.

WOJNIZKIJ. Das Gut ist nun schuldenfrei und nicht heruntergekommen, nur dank meiner persönlichen Anstrengungen. Und jetzt, wo ich alt geworden bin, will man mich zum Teufel jagen.

SEREBRJAKOW. Ich verstehe nicht, worauf du hinauswillst.

WOJNIZKIJ. Fünfundzwanzig Jahre habe ich dieses Gut verwaltet, habe gearbeitet, dir Geld geschickt wie ein gewissenhafter Verwalter, und in dieser ganzen Zeit hast du mir nicht ein einziges Mal gedankt. Die ganze Zeit – in meiner Jugend genauso wie heute – habe ich von dir jährlich fünfhundert Rubel Gehalt bekommen – ein Elendsgeld! Und nicht einmal ist dir in den Sinn gekommen, auch nur einen Rubel zuzulegen!

SEREBRJAKOW. Iwan Petrowitsch, wie hätte ich das wissen sollen? Ich bin kein praktischer Mensch und verstehe davon nichts. Du hättest dir selbst mehr zahlen können, soviel du nur wolltest.

WOJNIZKIJ. Warum habe ich nicht gestohlen? Warum verachtet ihr mich nicht, weil ich nicht gestohlen habe? Das wäre gerechtfertigt gewesen, und ich stände jetzt nicht als Bettler da!

MARIJA WASSILJEWNA *(streng).* Jean!

TELEGIN. Wanja, mein Freund, so doch nicht, so nicht ... ich zittere ... Warum willst du die guten Beziehungen verderben? *(Er küßt ihn.)* Das ist doch nicht nötig.

WOJNIZKIJ. Fünfundzwanzig Jahre habe ich mit dieser Mutter in diesen vier Wänden festgesessen wie ein Maulwurf ... Alle unsere Gedanken und Gefühle haben dir gegolten. Dir allein. Tagsüber haben wir von dir gesprochen, von deinen Werken, waren stolz auf dich, haben deinen Namen mit Ehrfurcht ausgesprochen, die Nächte haben wir damit vertan, Zeitschriften und Bücher zu lesen, die ich heute tief verabscheue!

TELEGIN. Laß doch, Wanja, laß doch ... ich kann nicht ...

SEREBRJAKOW *(zornig).* Ich verstehe nicht, was willst du?

WOJNIZKIJ. Du warst für uns ein Wesen höherer Ordnung, deine Artikel kannten wir auswendig ... Aber jetzt haben sich mir die Augen geöffnet! Ich sehe alles! Da schreibst du über Kunst, aber von Kunst verstehst du überhaupt nichts. Alle deine Arbeiten, die ich geschätzt habe, sind keinen Kupfergroschen wert! Du hast uns zum Narren gehalten.

SEREBRJAKOW. Herrschaften! Beruhigen Sie ihn doch endlich! Ich gehe!

JELENA ANDREJEWNA. Iwan Petrowitsch, ich fordere Sie auf zu schweigen! Hören Sie?

WOJNIZKIJ. Ich werde nicht schweigen! *(Er versperrt Serebrjakow den Weg.)* Halt, ich bin noch nicht fertig! Du hast mein Leben zerstört! Ich habe nicht gelebt, nicht gelebt habe ich! Dir zuliebe habe ich die besten Jahre meines Lebens verpfuscht, vergeudet! Du bist mein schlimmster Feind!

TELEGIN. Ich kann nicht mehr . . . ich kann nicht . . . Ich gehe . . . *(Er geht in großer Erregung hinaus.)*

SEREBRJAKOW. Was willst du von mir? Und was berechtigt dich, in diesem Ton mit mir zu sprechen. Eine Null! Wenn das Gut dir gehört, dann nimm es doch, ich habe es nicht nötig.

JELENA ANDREJEWNA. Ich will sofort abreisen, weg aus dieser Hölle! *(Sie schreit.)* Ich kann es nicht mehr ertragen!

WOJNIZKIJ. Ein verpfuschtes Leben! Ich bin doch begabt, bin gescheit, aktiv . . . Hätte ich normal leben können, dann hätte aus mir ein Schopenhauer werden können, ein Dostojewskij . . . Ich weiß nicht mehr, was ich rede! Ich verliere gleich den Verstand . . . Máma, ich bin verzweifelt! Máma.

MARIJA WASSILJEWNA *(streng).* Hör auf Alexander!

SONJA *(kniet vor der Njánja nieder und schmiegt sich an sie).* Njanetschka! Njanetschka!

WOJNIZKIJ. Máma! Was soll ich tun? Nein, lassen Sie, sagen Sie nichts! Ich weiß selbst, was ich zu tun habe! *(Zu Serebrjakow.)* Du wirst an mich denken! *(Er geht durch die Mitteltür ab.)*

(Marija Wassiljewna geht ihm nach.)

SEREBRJAKOW. Herrschaften, nun reicht's mir aber, was soll das eigentlich? Befreien Sie mich von diesem Verrückten! Ich kann nicht unter einem Dach mit ihm leben! Er wohnt da *(Serebrjakow weist auf die Mitteltür)*, fast neben mir . . . Soll er ins Dorf ziehen, in den Seitenflügel, oder ich werde von hier fortziehen, in einem Haus mit ihm aber kann ich nicht bleiben . . .

JELENA ANDREJEWNA *(zu ihrem Mann).* Wir reisen heute ab! Das muß augenblicklich geregelt werden.

SEREBRJAKOW. Ein nichtswürdiger Mensch!

SONJA *(auf den Knien, wendet sie sich um zu ihrem Vater, nervös, unter Tränen).* Man muß Mitleid haben, Papá! Ich und Onkel Wanja sind so unglücklich! *(Sie versucht, ihrer Verzweiflung Herr zu werden.)* Mitleid muß man haben! Denk daran, wie Onkel Wanja und die Großmutter, als du noch jünger warst, immer nachts für dich Bücher übersetzt haben, wie sie deine Papiere abgeschrieben haben, Nacht für Nacht! Jede Nacht! Ich und Onkel Wanja haben gearbeitet, ohne jemals auszuruhen; wir hatten Angst, auch nur eine Kopeke für uns selbst auszugeben, und alles Geld haben wir dir geschickt ... Kein Stück Brot zuviel haben wir gegessen! Ich meine das ja nicht so, ich meine das ja nicht so, aber du mußt uns doch verstehen, Papá. Du mußt Mitleid haben!

JELENA ANDREJEWNA *(erregt, zu ihrem Mann).* Alexander, um Gottes willen, sprich dich mit ihm aus ... Ich flehe dich an.

SEREBRJAKOW. Na gut, ich werde mich mit ihm aussprechen ... Ich werde ihm gar keine Vorwürfe machen. Ich habe keinen Zorn auf ihn, aber ihr werdet mir zugeben, sein Verhalten ist zumindest seltsam. Bitte sehr, ich gehe zu ihm. *(Er geht durch die Mitteltür ab.)*

JELENA ANDREJEWNA. Sei freundlicher zu ihm, beruhige ihn ...

(Sie folgt ihm.)

SONJA *(sich immer noch an die Njanja klammernd).* Njanetschka! Njanetschka!

MARINA. Macht nichts, Kindchen. Schnattern mal die Gänse, dann hören sie auch wieder auf ... Schnattern und hören auf ...

SONJA. Njanetschka!

MARINA *(streicht ihr übers Haar).* Du zitterst wie im Schüttelfrost. Nun, armes Kind, Gott ist gnädig. Ein bißchen

Tee aus Lindenblüten oder Himbeerblättern, dann geht's vorüber ... Gräme dich nicht, mein Armes ... *(Sie blickt zur Mitteltür, gefühlvoll.)* Sieh mal, die Gänseriche, wie sie sich ausgezischt haben, hol euch ...!

(Hinter der Bühne ein Schuß; man hört, wie Jelena Andrejewna aufschreit; Sonja erschauert.)

Uh, daß dich ...!

SEREBRJAKOW *(kommt hereingelaufen, er taumelt vor Schreck).* Haltet ihn! Haltet ihn! Er ist verrückt geworden!

(Jelena Andrejewna und Wojnizkij im Handgemenge in der Tür.)

JELENA ANDREJEWNA *(bemüht, ihm den Revolver zu entreißen).* Geben Sie ihn her! Geben Sie her, sag ich Ihnen!

WOJNIZKIJ. Lassen Sie mich, Hélène! Lassen Sie mich! *(Er reißt sich los, läuft auf die Bühne und schaut sich um nach Serebrjakow.)* Wo ist er? Ah, da ist er! *(Er schießt auf ihn.)* Peng!

(Pause.)

Nicht getroffen? Wieder vorbei? *(Wütend.)* Teufel auch, zum Teufel ... der Teufel soll ihn holen ... *(Er wirft den Revolver auf den Boden und setzt sich erschöpft auf einen Stuhl.)*

(Serebrjakow ist erschüttert. Jelena Andrejewna lehnt sich an die Wand, ihr ist übel.)

JELENA ANDREJEWNA. Bringt mich weg von hier! Bringt mich weg, schlagt mich tot, aber ... ich kann hier nicht bleiben, ich kann's nicht!

WOJNIZKIJ *(verzweifelt).* Oh, was soll ich nur tun? Was soll ich machen?

SONJA *(leise).* Njanetschka, Njanetschka.

Vorhang.

Vierter Akt

Iwan Petrowitschs Wohnung; dort hat er sein Schlafzimmer, und da ist auch das Kontor des Guts. Am Fenster ein großer Tisch, darauf die Einnahme- und Ausgabenbücher und Papiere aller Art, ein Schreibpult, Schränke, eine Waage. Ein kleinerer Tisch für Astrow, darauf Zeichengeräte, Farben; daneben eine Mappe. Ein Käfig mit einem Star darin. An der Wand eine Afrikakarte, offenbar von niemandem hier benötigt. Ein riesiges Sofa, mit Wachstuch bezogen. Links – eine Tür, die in die Wohnräume führt; rechts – eine Tür zum Flur; neben der rechten Tür eine Fußmatte, damit die Bauern keinen Schmutz hineinbringen. – Ein Herbstabend. Stille.

Telegin und Marina sitzen einander gegenüber und wickeln ein Knäuel aus Strumpfwolle auf.

TELEGIN. Machen Sie schneller, Marina Timofejewna, denn gleich rufen sie uns und wollen sich verabschieden. Sie haben schon die Pferde anspannen lassen.

MARINA *(bemüht, schneller zu wickeln).* Es ist nur noch ein bißchen übrig.

TELEGIN. Sie reisen nach Charkow. Da wollen sie wohnen.

MARINA. Ist auch besser.

TELEGIN. Sie haben einen schönen Schreck gekriegt . . . Jelena Andrejewna hat gesagt: »Keine Stunde«, hat sie gesagt, »will ich hier mehr leben . . . wir fahren weg, jawohl, wir fahren weg . . . Wir werden in Charkow leben«, hat sie gesagt, »und da gucken wir uns erstmal um und lassen uns dann die Sachen schicken.« . . . Sie reisen ohne Gepäck. Das bedeutet, Marina Timofejewna, daß sie hier nicht leben sollen. Das Schicksal wollte nicht, daß sie hier leben. Das Schicksal wollte es nicht . . . Es war so vorherbestimmt.

MARINA. Ist auch besser. Vorhin der Krach, die Schießerei – eine einzige Schande!

TELEGIN. Das hätte man malen sollen, ein Sujet für den Pinsel eines Ajwásowskij!

MARINA. Hätte ich das doch nicht mit eigenen Augen ansehen müssen.

(Pause.)

Nun werden wir wieder wie früher leben. Morgens um acht den Tee, um eins das Mittagessen, abends setzen wir uns zum Abendbrot; alles hat seine Ordnung, wie bei richtigen Menschen ... auf christliche Art. *(Mit einem Seufzer.)* Schon lange habe ich Sünderin keine Dampfnudeln mehr gegessen.

TELEGIN. Ja, arg lang sind bei uns keine Dampfnudeln mehr gekocht worden.

(Pause.)

Arg lang ... Heute morgen, Marina Timofejewna, gehe ich durchs Dorf, da ruft der Krämer hinter mir her: »He, du, Schmarotzer!« Das war so bitter für mich!

MARINA. Achte doch nicht darauf, Bátjuschka. Von Gott empfangen wir alle das Gnadenbrot. Du und Sonja und Iwan Petrowitsch – keiner sitzt ja herum, ohne was zu tun, alle geben wir uns Mühe! Alle ... Wo ist Sonja?

TELEGIN. Im Park. Sie geht immer mit dem Doktor herum und sucht Iwan Petrowitsch. Sie haben Angst, daß er sich was antun könnte.

MARINA. Und wo ist seine Pistole?

TELEGIN *(flüsternd)*. Hab ich im Keller versteckt!

MARINA *(lächelt)*. Sünden!

(Vom Hof her kommen Wojnizkij und Astrow.)

WOJNIZKIJ. Laß mich. *(Zu Marina und Telegin.)* Geht weg, laßt mich wenigstens eine Stunde allein! Ich ertrage keine Bevormundung.

TELEGIN. Sofort, Wanja. *(Er geht auf Zehenspitzen hinaus.)*

MARINA. Gänserich: Gak, gak, gak! *(Sie rafft die Wolle zusammen und geht.)*

WOJNIZKIJ. Laß mich allein!

ASTROW. Mit größtem Vergnügen. Ich hätte ohnehin schon

lange fortfahren müssen, aber, ich wiederhole, ich fahre nicht, bevor du mir nicht zurückgibst, was du mir weggenommen hast.

WOJNIZKIJ. Ich habe dir nichts weggenommen.

ASTROW. Ich spreche ganz ernsthaft – halt mich nicht auf. Ich hätte schon längst fahren müssen.

WOJNIZKIJ. Nichts habe ich dir weggenommen.
(Beide setzen sich.)

ASTROW. Wirklich? Na, ich warte noch ein bißchen, dann aber, verzeih, dann muß ich Gewalt anwenden. Wir werden dich binden und durchsuchen. Ich sage das mit vollem Ernst.

WOJNIZKIJ. Mach was du willst.
(Pause.)
So etwas Dummes: zweimal zu schießen und keinmal zu treffen! Das kann ich mir nie verzeihen!

ASTROW. Wenn du schon gern schießen wolltest, dann hättest du dir selber eine Kugel in den Kopf jagen sollen.

WOJNIZKIJ *(achselzuckend)*. Merkwürdig. Ich habe einen Mordversuch begangen, aber ich werde weder verhaftet noch dem Gericht vorgeführt. Man hält mich also für geistesgestört. *(Mit einem bösen Lachen.)* Ein Verrückter bin ich, aber nicht verrückt sind Leute, die unter der Maske eines Professors, eines gelehrten Scharlatans, ihre Unbegabtheit, Stumpfheit, ihre zum Himmel schreiende Herzlosigkeit verstecken. Nicht verrückt ist, wer einen Greis heiratet und ihn dann vor aller Augen betrügt. Ich habe gesehen, wie du sie umarmt hast, ich habe es doch gesehen!

ASTROW. Jawohl, ich habe sie umarmt, das geht dich so viel an. *(Er macht ihm eine lange Nase.)*

WOJNIZKIJ *(zur Tür blickend)*. Nein, die Erde ist verrückt, die euch noch aushält!

ASTROW. Dummes Zeug!

WOJNIZKIJ. Wieso? Ich bin ja verrückt, unzurechnungsfähig, ich habe das Recht, dummes Zeug zu reden.

ASTROW. Alte Sprüche! Verrückt bist du nicht, bloß ein verschrobener Kerl, ein Hanswurst. In früheren Zeiten habe auch ich jeden Sonderling für krank, für anormal gehalten, aber heute bin ich der Meinung, daß es der Normalzustand des Menschen ist. Du bist völlig normal.

WOJNIZKIJ *(bedeckt sein Gesicht mit beiden Händen).* Eine Schande! Wenn du wüßtest, wie ich mich schäme! Dies brennende Schamgefühl läßt sich mit keinem Schmerz vergleichen. *(Deprimiert.)* Unerträglich! *(Er beugt sich über den Tisch.)* Was soll ich tun? Was soll ich tun?

ASTROW. Nichts.

WOJNIZKIJ. Gib mir irgendwas zu tun! Oh, mein Gott ... Siebenundvierzig Jahre bin ich alt; nehmen wir an, ich würde bis sechzig weiterleben, dann bleiben mir noch dreizehn! Wie soll ich diese dreizehn Jahre ertragen? Was soll ich tun, womit die lange Zeit ausfüllen? Oh, verstehst du ... *(Er drückt Astrow krampfhaft die Hand.)* Verstehst du? Könnte ich doch für den Rest meiner Zeit mein Leben irgendwie ändern. Erwachen möchte man an einem klaren, stillen Morgen, spüren, daß ein neues Leben begonnen hat, daß alles Vergangene vergessen ist, verflogen wie Rauch. *(Er weint.)* Ein neues Leben anfangen ... Sag mir, wie ich es anfangen soll ... womit anfangen ...

ASTROW *(ärgerlich).* Ach, was du das redest! Was für ein neues Leben? Unsere Lage, deine und meine, ist hoffnungslos.

WOJNIZKIJ. Wirklich?

ASTROW. Ich bin überzeugt davon.

WOJNIZKIJ. Gib mir irgendwas ... *(Er zeigt auf sein Herz.)* Es sticht hier.

ASTROW *(schreit zornig).* Hör auf! *(Nachgiebiger.)* Die Menschen, die hundert, zweihundert Jahre nach uns leben und die uns verachten werden, weil wir unser Leben so dumm und so spießig zugebracht haben, die werden vielleicht ein Mittel finden, glücklich zu sein, aber wir ... wir beide haben nur eine einzige Hoffnung: die Hoffnung, daß uns, wenn wir in unsern Gräbern ruhen, Geister erscheinen, vielleicht sogar gute Geister. *(Er seufzt.)* Ja, Bruder, im ganzen Kreis hat es dann nur zwei anständige, intelligente Menschen gegeben. Das waren wir, ich und du. Aber im Laufe von so etwa zehn Jahren waren wir im grauen Alltagsleben, in diesem miesen Leben versunken und versumpft. Es hat mit seinen fauligen Ausdünstungen unser Blut vergiftet, und wir sind solche Spießer geworden wie alle. *(Lebhaft.)* Aber du hör auf mit deinem Gerede, gib mir lieber zurück, was du bei mir geholt hast.

WOJNIZKIJ. Ich habe dir nichts weggenommen.

ASTROW. Du hast aus meiner Reiseapotheke das Fläschchen mit dem Morphium genommen.

(Pause.)

Hör mal, wenn du unbedingt mit dir Schluß machen willst, dann geh in den Wald und erschieß dich. Aber das Morphium gib her, sonst entstehen Gerüchte, Redereien, man wird denken, ich hätte es dir gegeben ... Mir reicht es schon, daß ich dann deine Leiche öffnen muß ... Glaubst du, das wäre interessant?

(Sonja kommt.)

WOJNIZKIJ. Laß mich.

ASTROW *(zu Sonja).* Sofja Alexandrowna, Ihr Onkel hat aus meiner Apotheke das Fläschchen mit dem Morphium entwendet und gibt es nicht zurück. Sagen Sie ihm, daß das ... mindestens unklug ist. Und ich habe auch keine Zeit mehr. Ich muß fahren.

SONJA. Onkel Wanja, hast du das Morphium genommen?

ASTROW. Er hat es genommen. Da bin ich ganz sicher.

SONJA. Gib es her. Warum erschreckst du uns? *(Zärtlich.)* Gib es her, Onkel Wanja! Ich bin vielleicht genauso unglücklich wie du, aber ich überlasse mich nicht der Verzweiflung. Ich ertrage es und werde es ertragen, das Leben, bis es von selbst zu Ende geht ... Ertrag es auch du.

(Pause.)

Gib es her! *(Küßt ihm die Hände.)* Mein guter, lieber Onkel, gib es ihm wieder! *(Sie weint.)* Du Guter, du wirst doch Mitleid mit uns haben und es ihm zurückgeben. Du mußt es ertragen, Onkel, halte aus!

WOJNIZKIJ *(holt aus seiner Tischschublade das Fläschchen und reicht es Astrow.)* Da, nimm! *(Zu Sonja.)* Nun wollen wir gleich an die Arbeit, gleich etwas tun, sonst kann ich nicht mehr . . . ich kann nicht mehr . . .

SONJA. Ja, ja, arbeiten. Sobald wir sie hinausbegleitet haben, setzen wir uns an die Arbeit . . . *(Sie blättert nervös in den Papieren, die auf dem Tisch liegen.)* Alles ist so ein Durcheinander.

ASTROW *(legt das Fläschchen in die Apotheke und schnürt die Riemen zu).* Nun kann man sich auf den Weg machen.

JELENA ANDREJEWNA *(tritt ein).* Iwan Petrowitsch, Sie hier? Wir fahren sofort. Gehen Sie zu Alexander, er möchte Ihnen etwas sagen.

SONJA. Geh, Onkel Wanja. *(Sie faßt Wojnizkij unter den Arm.)* Gehen wir. Papa und du, ihr müßt euch aussöhnen. Das muß sein.

(Sonja und Wojnizkij gehen hinaus.)

JELENA ANDREJEWNA. Ich reise ab. *(Sie reicht Astrow die Hand.)* Leben Sie wohl.

ASTROW. Schon?

JELENA ANDREJEWNA. Die Pferde stehen bereit.

ASTROW. Leben Sie wohl.

JELENA ANDREJEWNA. Sie haben mir heute versprochen, ebenfalls abzureisen.

ASTROW. Ich weiß, ich fahre sofort.

(Pause.)

Haben Sie sich erschreckt? *(Er faßt ihre Hand.)* Ist es wirklich so schrecklich?

JELENA ANDREJEWNA. Ja.

ASTROW. Wenn Sie doch bleiben würden! Wie? Morgen in der Försterei . . .

JELENA ANDREJEWNA. Nein . . . ist nun entschieden . . . Und weil die Abreise schon beschlossen ist, schaue ich Sie auch so tapfer an ... Um eines bitte ich Sie: Denken Sie besser von mir. Ich möchte, daß Sie mich achten.

ASTROW. Ach! *(Er macht eine Geste der Ungeduld.)* Bleiben Sie noch, ich bitte Sie. Seien Sie sich darüber klar, daß Sie in dieser Welt keine Aufgabe haben, Sie haben kein Lebensziel. Es gibt nichts, was Sie innerlich ausfüllt. Und früher oder später werden Sie sich so oder so Ihren Gefühlen überlassen – das ist unvermeidlich. Da ist es doch besser, wenn das nicht in Charkow oder irgendwo in Kursk geschieht, sondern hier, im Schoße der Natur ... Immerhin ist das poetisch, und der Herbst ist sogar sehr schön ... Und es gibt da das Forsthaus, halbverfallene Gehöfte nach Turgenjews Geschmack ...

JELENA ANDREJEWNA. Wie komisch Sie sind ... Ich bin Ihnen böse, und trotzdem werde ich gern an Sie denken. Sie sind ein interessanter, origineller Mensch. Wir werden einander nie wiedersehen, und deshalb – warum soll ich es verhehlen? Ein wenig habe ich mich doch in Sie verliebt. Nun wollen wir uns die Hand drücken und als Freunde auseinandergehen. Vergessen Sie mich nicht, und denken Sie nicht schlecht von mir.

ASTROW *(drückt ihr die Hand).* Ja, fahren Sie ... *(Nachdenklich.)* Sie sind ein guter, seelenvoller Mensch, so kommen Sie mir vor, aber es scheint etwas Seltsames in Ihrem ganzen Wesen zu sein. Da sind Sie mit Ihrem Mann hergekommen – und nun sollen alle, die hier gearbeitet und etwas geleistet haben, mit einem Male all ihre Angelegenheiten aufgeben und sich den ganzen Sommer über nur noch mit dem Rheuma Ihres Mannes und mit Ihnen beschäftigen. Sie beide, er und Sie, haben mit Ihrer Art, müßig in den Tag hinein zu leben, uns alle angesteckt. Ich habe mich verliebt, habe einen Monat lang überhaupt nichts mehr getan, ganz gleich, ob die Leute krank wurden oder die Bauern ihr Vieh in meine Wälder und Schonungen trieben ... Kurz, wo Sie auch auftreten, Sie und Ihr Mann, überall bringen Sie Zerstörung hin ... Ich mache natürlich Spaß, aber doch ... es ist seltsam. Und ich bin sicher, würden Sie hierbleiben, so gäbe es eine riesige Verwüstung. Ich würde zugrunde gehen, und auch mit Ihnen würde es ... kein gutes Ende nehmen. Na also, fahren Sie los. Finita la commedia!

JELENA ANDREJEWNA *(nimmt von seinem Tisch einen Bleistift und steckt ihn rasch ein).* Diesen Bleistift nehme ich mir als Andenken mit.

ASTROW. Merkwürdig ... Wir haben uns kennengelernt, und nun plötzlich, weshalb nur ... werden wir uns nie wiedersehen. Das ist der Lauf der Welt ... Solange wir noch allein sind, solange Onkel Wanja mit seinem Blumenstrauß noch nicht kommt, erlauben Sie mir ... Sie zu küssen ... Zum Abschied ... Ja? *(Er küßt sie auf die Wange.)* Na also ... das ist schön.

JELENA ANDREJEWNA. Ich wünsche Ihnen alles Gute. *(Sie schaut sich um.)* Komme was da wolle, einmal im Leben! *(Sie umarmt ihn stürmisch, dann trennen sich beide rasch.)* Ich muß fahren.

ASTROW. Also warten Sie nicht länger. Wenn die Pferde angespannt sind, fahren Sie los.

JELENA ANDREJEWNA. Ich glaube, sie kommen.

(Beide horchen.)

ASTROW. Finita!

(Es kommen Serebrjakow, Wojnizkij, Marija Wassiljewna mit einem Buch, Telegin und Sonja.)

SEREBRJAKOW *(zu Wojnizkij).* Wer immer nur auf das Alte sieht, dem fällt das Auge aus. Nach allem, was geschehen ist, habe ich in diesen wenigen Stunden so viel erlebt und durchdacht, daß ich, glaube ich, der Nachwelt zur Erbauung einen ganzen Traktat schreiben könnte über das Thema, wie man leben sollte. Gern nehme ich deine Entschuldigung an und bitte selbst um Verzeihung. Leb wohl! *(Er küßt sich dreimal mit Wojnizkij.)*

WOJNIZKIJ. Du wirst akkurat dasselbe gezahlt bekommen, was du bisher bekommen hast. Alles wird wie früher sein.

(Jelena Andrejewna umarmt Sonja.)

SEREBRJAKOW *(küßt Marija Wassiljewna die Hand).* Mamán ...

MARIJA WASSILJEWNA *(küßt ihn).* Alexander, lassen Sie wieder einmal eine Aufnahme machen und schicken Sie mir Ihre Photographie. Sie wissen, wie teuer Sie mir sind.

TELEGIN. Leben Sie wohl, Eure Exzellenz! Vergessen Sie uns nicht!

SEREBRJAKOW *(hat seine Tochter geküßt).* Leb wohl ... Lebt alle wohl! *(Reicht Astrow die Hand.)* Ich danke Ihnen für Ihre angenehme Gesellschaft ... Ich schätze Ihre Denkweise, Ihren Enthusiasmus, Ihre Ausbrüche. Doch erlauben Sie einem alten Manne, seinem Abschiedsgruß nur eine einzige Anmerkung hinzuzufügen: Man muß, meine Herrschaften, ein Werk vollbringen! Man muß eine Tat tun! *(Allgemeine Verbeugung.)* Alles Gute! *(Er geht ab; ihm folgen Marija Wassiljewna und Sonja.)*

WOJNIZKIJ *(küßt Jelena Andrejewna heftig die Hand).* Leben Sie wohl ... Verzeihen Sie ... Wir werden uns nun nie wiedersehen.

JELENA ANDREJEWNA *(gerührt).* Leben Sie wohl, lieber Freund. *(Küßt ihn auf den Kopf und geht ab.)*

ASTROW *(zu Telegin).* Sag draußen, Waffel, man möchte gleich auch für mich die Pferde anspannen.

TELEGIN. Zu Befehl, mein Lieber. *(Er geht ab.)*

(Astrow und Wojnizkij sind zurückgeblieben.)

ASTROW *(räumt die Farben vom Tisch und steckt sie in seinen Koffer).* Warum hast du sie nicht begleitet?

WOJNIZKIJ. Sollen Sie doch abfahren, aber ich ... ich kann nicht. Mir wird das schwer. Ich muß mich rasch mit irgendwas beschäftigen ... Arbeiten, arbeiten! *(Er kramt in den Papieren auf dem Tisch.)*

(Pause. Man hört die Schellen am Geschirr.)

ASTROW. Weg sind sie. Der Professor wird froh sein. Den lockt man nicht mal mit Zuckerbrot hierher zurück.

MARINA *(tritt ein).* Sie sind weg. *(Sie setzt sich in den Sessel und strickt an ihrem Strumpf.)*

SONJA *(tritt ein).* Sie sind weg. *(Sie reibt ihre Augen.)* Gott schütze sie. *(Zu ihrem Onkel.)* Nun, Onkel Wanja, laß uns etwas tun.

WOJNIZKIJ. Arbeiten, arbeiten ...

SONJA. Schon lange haben wir nicht mehr zusammen an diesem Tisch gesessen. *(Sie zündet die Lampe auf dem Tisch an.)* Ich glaube, darin ist keine Tinte mehr ... *(Sie nimmt das Tintenfaß, geht zum Schrank und gießt Tinte hinein.)* Ich bin traurig, daß sie weg sind.

MARIJA WASSILJEWNA *(tritt langsam ein).* Sie sind weg! *(Sie setzt sich und vertieft sich in ihre Lektüre.)*

SONJA *(setzt sich an den Tisch und blättert im Kontobuch).* Zuallererst wollen wir Rechnungen schreiben, Onkel Wanja. Die Bücher sind in schrecklicher Unordnung. Heute ist schon wieder jemand zu uns geschickt worden, der die Rechnungen abholen sollte. Schreib. Schreib du eine Rechnung, ich die andere ...

WOJNIZKIJ *(schreibt).* Rechnung ... Herrn ...

(Beide schreiben schweigend.)

MARINA *(gähnt).* Man möchte schlafen gehen ...

ASTROW. Die Stille. Die Federn kritzeln. Das Heimchen zirpt. Warm. Gemütlich ... Man möchte gar nicht weg.

(Man hört die Schellen am Geschirr.)

Da wird angespannt ... Bleibt mir also, mich von euch zu verabschieden, meine Freunde, auch von meinem Tisch, und los geht's! *(Er steckt die Landkarten in ihre Hülle.)*

MARINA. Warum hast du's auf einmal so eilig? Bleib doch sitzen!

ASTROW. Das geht nicht.

WOJNIZKIJ *(schreibt).* Verbleiben von der alten Schuld zwei fünfundsiebzig ...

(Ein Knecht tritt ein.)

DER KNECHT. Michail Lwowitsch, die Pferde sind angespannt.

ASTROW. Ich habe es gehört. *(Er gibt ihm die Apothekenta-*

sche, den Koffer und die Kartenhülle.) Hier, das nimm. Paß auf, daß du die Hülle nicht drückst.

DER KNECHT. Jawohl. *(Geht ab.)*

ASTROW. Nun also ... *(Fängt an, sich zu verabschieden.)*

SONJA. Wann sehen wir uns wieder?

ASTROW. Vor dem nächsten Sommer wahrscheinlich nicht. Im Winter wohl kaum ... Selbstverständlich, wenn etwas passiert, dann benachrichtigen Sie mich – dann komme ich. *(Er drückt ihr die Hand.)* Dank für Brot und Salz, für die Freundlichkeit ... mit einem Wort, für alles. *(Er geht zur Njanja und küßt sie auf den Kopf.)* Leb wohl, Alte.

MARINA. Und du fährst ohne Tee?

ASTROW. Ich möchte keinen, Njanka.

MARINA. Vielleicht möchtest du einen kleinen Wodka?

ASTROW *(unentschlossen)*. Bitte ...

(Marina geht hinaus.)

ASTROW *(nach einer Pause)*. Mein Beipferd fängt an, ein bißchen zu lahmen. Gestern habe ich das bemerkt, als Petrúschka es zur Tränke führte.

WOJNIZKIJ. Es muß beschlagen werden.

ASTROW. Da muß man zum Schmied nach Roschdéstwennoje. Ich komme nicht darum herum. *(Er stellt sich vor die Afrikakarte und betrachtet sie.)* In diesem Afrika muß jetzt eine Hitze sein – schrecklich!

WOJNIZKIJ. Ja, wahrscheinlich.

MARINA *(kommt mit einem Tablett zurück. Darauf ein Glas Wodka und ein Stück Brot)*. Trink.

(Astrow trinkt den Wodka.)

Gesundheit, Batjuschka. *(Sie verbeugt sich tief.)* Aber ein bißchen Brot solltest du dazu essen.

ASTROW. Nein, ich kann auch so ... Also dann, alles Gute! *(Zu Marina.)* Du brauchst mich nicht hinauszubringen, Njanka, das ist nicht nötig.

(Er geht hinaus; Sonja geht mit einer Kerze hinter ihm her, um ihn hinauszubegleiten; Marina setzt sich in den Sessel.)

WOJNIZKIJ *(schreibt)*. Am 2. Februar zwanzig Pud Fastenöl ... am 16. Februar wieder zwanzig Pud Öl ... Buchweizengrütze ...

(Pause. Man hört die Schellen.)

MARINA. Er ist weg.

(Pause.)

SONJA *(kommt zurück, stellt die Kerze auf den Tisch).* Er ist weg ...

WOJNIZKIJ *(rechnet die Beträge auf dem Rechenbrett zusammen und notiert sie).* Summa ... fünfzehn ... fünfundzwanzig ...

(Sonja setzt sich und schreibt ebenfalls.)

MARINA *(gähnt).* Ach, unsere Sünden ...

(Telegin kommt auf Zehenspitzen herein, setzt sich neben der Tür hin und stimmt leise die Gitarre.)

WOJNIZKIJ *(zu Sonja, streicht ihr mit der Hand über das Haar).* Mein Kind, wie schwer mir zumute ist! Ach, wenn du wüßtest, wie schwer!

SONJA. Was kann man machen, wir müssen leben!

(Pause.)

Wir leben weiter, Onkel Wanja. Eine lange, lange Reihe von Tagen, von langen Abenden werden wir verbringen, geduldig werden wir die Versuchungen ertragen, die uns das Schicksal bringt, wir werden weiter für andere Menschen sorgen, jetzt und auch im Alter, und werden keine Ruhe kennen, und wenn unsere Stunde kommt, dann werden wir gehorsam sterben und dort, jenseits des Grabes, werden wir sagen, daß wir gelitten haben, daß wir geweint haben, daß uns bitter zumute war, und Gott wird sich erbarmen über uns, und wir beide, du und ich, Onkel, lieber Onkel, werden ein lichtes, schönes, herrliches Leben erblicken, wir werden frohlocken und auf unser jetziges Unglück mit Rührung zurückblicken, mit einem Lächeln, und werden ausruhen. – Ich glaube, Onkel, ich glaube fest und leidenschaftlich ... *(Sie kniet vor ihm nieder und legt den Kopf in seine Hände; mit ermatteter Stimme.)* Wir werden ausruhen!

(Telegin spielt leise auf der Gitarre.)
Wir werden ausruhen! Wir werden die Engel hören, den Himmel sehen, ganz in Diamanten, wir werden erkennen, wie alles Böse auf Erden, alle unsere Leiden in der Barmherzigkeit vergehen, die die ganze Welt erfüllen wird, und unser Leben wird still werden, süß und sanft wie ein Streicheln. Ich glaube, glaube ... *(Sie wischt sich mit einem Tuch die Tränen ab.)* Armer, armer Onkel Wanja, du weinst ... *(Unter Tränen.)* Du hast in deinem Leben keine Freuden gekannt, aber warte nur, Onkel Wanja, warte ... Wir werden ausruhen ... *(Sie umarmt ihn.)* Wir werden Ruhe finden!
(Der Wächter klopft an sein Brett. – Telegin fängt wieder leise an zu spielen; Marija Wassiljewna notiert etwas auf den Rand ihrer Broschüre; Marina strickt an ihrem Strumpf.)

SONJA. Wir werden Ruhe finden!

Der Vorhang fällt langsam.

Nachwort

Die »Szenen aus dem Landleben«, denen Tschechow den Titel *Onkel Wanja* gegeben hat – nach dem unglücklichen Verwalter des Landguts, wo sie spielen –, sind aus der Umarbeitung einer »Komödie« hervorgegangen, die Tschechow viele Jahre zuvor geschrieben hatte: *Leschij*. Das Wort bezeichnet im russischen Märchen den zauberisch spukenden Waldgeist, den »Waldschrat«. Die Hauptpersonen beider Stücke, der Komödie *Der Waldschrat* (1889) und des *Onkel Wanja* (1896), sind die gleichen. Im Waldschrat erkennt man den Prototyp des Doktors Astrow. Tschechow stellte ihn noch nicht als Arzt, sondern als Gutsbesitzer vor, »mit medizinischer Ausbildung«. Beide Landwirte, der Waldschrat und Wojnizkij, waren auch dort melancholische Außenseiter der gelangweilten Gesellschaft, die von dem Landgut lebt. Wojnizkij, der »früher an Wissenschaft und Künste« geglaubt hatte, ist von dem »gelehrten Stockfisch« von Professor enttäuscht. Er liebt Jelena, die junge Frau des Professors, die seine Liebe nicht erwidert. Der Waldschrat teilt die Abneigung gegen wissenschaftliche »Phrasendrescher«. Naturbegeistert will er den Wald retten, den der Professor abholzen lassen möchte. Mit seiner Begeisterung bezaubert er die beiden jungen Frauen, Jelena und Sonja.

In der Komödie von 1889 konstruierte Tschechow drastische Lösungen: Als Sonja, ein engelhaftes Wesen, dem Waldschrat ihre Liebe bekennt, ist er im Schlußakt noch vital genug, sie zu erwidern, zur Freude der Mitspieler: »Bravo, Bravo!« Ein fröhlicher Schlußakkord nach einem tragischen Höhepunkt: Wojnizkij – Onkel Wanja – hatte sich im dritten Akt erschossen, aus Verzweiflung darüber, daß sein Leben »verpfuscht« war.

Sehr lustig scheint das Publikum diese Komödie nicht gefunden zu haben. Sie verschwand nach wenigen Aufführungen von der Bühne. Tschechow selbst hielt das Stück für miß-

lungen und war zunächst nicht zu bewegen, ihm eine neue, weniger ›effektvolle‹ Fassung zu geben.
Erst 1896 griff er die früheren Ansätze wieder auf. Die sechs Hauptpersonen treten in völlig neuen, psychologisch sorgfältig motivierten Szenen zusammen. Die Handlung tritt an Bedeutung zurück. Melancholie und Skepsis herrschen vor. Onkel Wanja findet nach seiner Enttäuschung wieder zur einzig sinnvollen Tagesarbeit. Der Arzt Dr. Astrow, resigniert, in ironischer Distanz zu den Menschen seiner Umgebung, zieht sich in seinen Wald zurück.
Eine rondoartige Struktur des Stückes vermittelt den Eindruck der Wiederkehr des Gleichen, der Vergeblichkeit des Willens zur Änderung der Umstände. Ein leiser Beginn und ein Schluß im Pianissimo, der alle Dinge unverändert läßt. »Das Rauschen der Zeit« (Ossip Mandelstam) ist spürbar: An einem Sommernachmittag kommt Dr. Astrow zu seinem Patienten. Vergeblich, wie sich zeigt: Der hypochondrische Professor wünscht seine Behandlung nicht. Das Nocturno im zweiten Akt, bei Gewitterschwüle, macht die Einsamkeit aller Gutsbewohner deutlich. Der Professor denkt nur an sich und seine eingebildeten Leiden, Wojnizkij und seine Nichte Sonja, jeder in einem Monolog, offenbaren ihre Hoffnungslosigkeit. Gleichsam kontrapunktisch dazu verhält sich die Aussprache der beiden Frauen, die einander ihre Enttäuschung und ihre Sehnsucht nach Liebe bekennen. Am hellen Mittag, im dritten Akt, erreicht die Erwartung ihren Höhepunkt: Welche Entladung der beklemmenden Spannung wird die angekündigte »Erklärung« des Professors bringen? Sie stürzt Onkel Wanja in Verzweiflung, weil der Verkauf des Gutes ihn und Sonja ruinieren würde. Vergeblich der Tumult, vergeblich sein Ausbruch: Die beiden Schüsse verfehlen ihr Ziel. Im Schlußakt, an einem Herbstabend, wiederholt sich die Stille des Anfangs: »Finita« die eben erst offenbarte Liebe Astrows und Jelenas, die mit ihrem sklerotischen Mann abreist. Astrow, bevor er in sein Forstrevier zurückkehrt, nimmt »einen kleinen Wodka« wie bei der Herreise. Wojniz-

kij wurde der Trost im Morphium nicht erlaubt. Mit Sonja wird er arbeiten und am Ende sich »ausruhen« von den Störungen, die die intellektuellen Gäste aus der Stadt und aus dem Wald in den grauen Alltag des Lebens auf dem Lande gebracht haben. Die drei Randfiguren, Telegin, Marina, Marija Wassiljewna mit ihrem unerschütterlichen Respekt vor fortschrittlichen Broschüren, tun Überflüssiges, klimpern auf der Gitarre, stricken ihren Strumpf, bekritzeln ihre Lektüre. Und der Wächter klopft den trägen Takt der Zeit, die verfließen wird, wie je zuvor. Versagung und Vergeblichkeit werden dauern. Der Waldschrat, früher der Vorbote einer neuen Zeit, ist nicht ohne Grund aus dem Zentrum des Stücks zurückgetreten. Er hat sich in einen Zyniker verwandelt. »Er soll elegant und sensibel auftreten, aber ohne echte Leidenschaft« (Tschechows Hinweis an Stanislawskij, der bei der Uraufführung des *Onkel Wanja* am 26. 10. 1899 den Astrow spielte, als Partner von Olga Knipper, Tschechows späterer Frau, die die Jelena verkörperte). Astrows matter Auftritt am Schluß, erklärte Tschechow zusätzlich, solle den »Lyrismus des Finales zwischen Onkel Wanja und Sonja neutralisieren«.

Der Erfolg der ersten Aufführungen am eben erst gegründeten Moskauer Künstlertheater war groß. Tschechow wurde in Jalta mit Telegrammen überhäuft. Die Wirkung sei »kolossal, ungewöhnlich, ungeheuer« gewesen. An Olga Knipper schreibt Tschechow am 30. 10. 1899, er habe die Nacht nach der Uraufführung am Telefon zugebracht: »Dies war der erste Fall, daß mein eigener Ruhm mich nicht schlafen ließ!« An seinen Bruder Michail: »Mein *Onkel Wanja* läuft durch die ganze Provinz. Und überall mit Erfolg. Man weiß eben nicht, wo man gewinnt und wo man verliert. Ich hatte nie große Hoffnungen auf dies Stück gesetzt.« Maxim Gorkij schreibt an Tschechow, das sei »eine tolle Sache, eine ganz neue dramatische Kunst, ein Hammer auf den leeren Kopf des Publikums«.

Andererseits mißfiel manchen liberalen Kritikern Sonjas Duldermoral. Erst recht konnte es konservative Moralisten nicht befriedigen, die das Theater als moralische Anstalt betrachteten. Leo Tolstoj sah 1900 eine Aufführung und äußerte sich empört: »Man sieht in dem Stück kein Zentrum. Es ist kein Drama. Astrow und Wanja sind unnütze Menschen.« Andere Kritiker meinten, die Botschaft des Stückes liege im Lob der Arbeit. Haben nicht Onkel Wanja, schlaflos und reizbar, und Sonja in ihrer Enttäuschung sich an der Idee der Arbeit aufgerichtet? Auch der Professor schwatzt von dem »Werk«, das zu verrichten sei. Und die apathische Jelena beklagt ihre Untätigkeit als »episodische Figur«. Aber das Stück predigt keine Arbeitsmoral. Die Arbeit läßt die Monotonie des Alltags vergessen, aber sie führt nicht zu dem »neuen Leben«, von dem so oft die Rede ist. Eine Erneuerung durch »Ideen« findet nicht statt. Dem Typus der Lebensreformer oder gar Revolutionäre ist Tschechow in seinen letzten Lebensjahren mit wachsender Skepsis begegnet.

Was war der Grund für den Erfolg eines Stückes, das weder Anweisungen zum Handeln enthielt noch Erklärungen für den Zustand der russischen Gesellschaft? Offenbar fand das Publikum seine eigenen Empfindungen in diesen verwehenden Bildern wieder. Tschechows Schreibweise, die er selbst »mosaikartig« nennt, war ein neues Medium zur Wiedergabe der Zeitstimmung. In ihr waren realistische Konturen, traumhafte Anklänge, symbolische Andeutungen vieldeutig und untrennbar miteinander verknüpft. –

Wenige Monate nach der Uraufführung von *Onkel Wanja*, im März 1900, erbat sich Rainer Maria Rilke aus Rußland den Text, um ihn zu übersetzen, nachdem bereits die Übersetzung der *Möwe* fertig sei. Die Korrespondenz Rilkes mit Sofja Nikolajewna Schill enthält eine Beschreibung der Kunst Tschechows, »uns die Töne langer, leerer Tage alle in einer Bühnenstunde zu zeigen«.

Rilkes Tschechow-Übersetzungen sind verschollen. 1902 wurden unabhängig voneinander zwei Übertragungen des Stücks ins Deutsche durch andere Übersetzer veröffentlicht.

1903 in München und 1904 in Berlin fanden erste Aufführungen in Deutschland statt, die keinen nachhaltigen Erfolg hatten. 1906 zeigte Stanislawskij mit dem Moskauer Künstlertheater bei Gastspielen in Berlin und Wien den *Onkel Wanja*. Arthur Schnitzler sah die Wiener Aufführung und urteilte, das sei ein »Lebensstück«; obwohl er nicht Russisch verstehe, habe er sich »von Seele zu Seele« eingefühlt. Das Stück verschwand dann in Deutschland von den Spielplänen, bis Leopold Jessner es 1913 am Thalia-Theater in Hamburg aufführte. Dann brachte der Erste Weltkrieg eine lange Unterbrechung. Erst 1926 beeindruckte das Stück die Kritiker in Berlin. Hans Leibelt habe den Wanja »mit rührender Haltlosigkeit gespielt, eine Aufführung mit fahler Ausstrahlung«.
Nach 1933 wurde Tschechow wie die übrigen russischen Autoren auf deutschen Bühnen nicht mehr gespielt. Aber bald nach dem Kriege, schon 1945, führte Gustav von Wangenheim *Onkel Wanja* in Berlin wieder auf. Er fand das Stück aktuell, weil es »den Zerfall der bürgerlichen Gesellschaft« zeige, die leidenden Akteure aber »im Grunde zukunftsgläubig« seien. Doch brauchte offenbar das Theaterpublikum der Aufbaujahre stärkere Aufmunterungen. Erst 1958 gab es eine Aufführung im Münchener Staatsschauspiel und 1959 wiederum in Berlin durch Boleslaw Barlog, mit Hans Caninenberg als Astrow. Barlog betonte »die Absichtslosigkeit Tschechows, die Leichtigkeit seines Stils«.
Als in den sechziger Jahren der Existentialismus den ästhetischen Geschmack beeinflußte, mit der Betonung »der grenzenlosen Einsamkeit des Menschen in der Welt«, seiner »Geworfenheit«, seiner absurden, vergeblichen Suche nach Sinn und Wert, war die Zeit für eine neue Interpretation Tschechows gekommen. Bahnbrechend für dies neue Verständnis waren die Inszenierung Hans Schallas in Bochum (1969), von der ein Rezensent (Klaus Lamza) schrieb, »die Figuren standen einen Schritt vor der Mülltonne Becketts«, sowie die Fernseh-Inszenierung von Peter Beauvais mit Siegfried Wischnewskij als Astrow.

Viele bedeutende Regisseure nahmen sich in der Folge des Stückes an, das den Schauspielern einen weiten Spiel-Raum bot und dem Regisseur eine Vielfalt von Interpretationsmöglichkeiten zwischen »Endspielen« und tiefenpsychologisch-klinischen Fallstudien. Tschechow selbst schien durch seine brieflich überlieferte Kritik an der oberflächlich naturalistischen Regie Stanislawskijs die Lizenz zu Experimenten aller Art erteilt zu haben. –
1970 inszenierte Niels-Peter Rudolph *Onkel Wanja* in Stuttgart mit Traugott Buhre als Wanja, 1971 Will Quadflieg in Hamburg, 1972 erschien das Stück auf der Bühne der Münchener Kammerspiele mit Therese Giese als Marina, Erika Pluhar als Jelena, Cornelia Froboeß als Sonja. Die Regie hatte dort Erwin Axer, der die »trostlose Banalität des Lebens in der russischen Provinz« herausstellte. Im gleichen Jahr wurde *Onkel Wanja* in Köln und in Wien (mit Josef Meinrad als Wanja) aufgeführt, 1974 in Wiesbaden durch das »Dramaten-Theater« aus Stockholm kühl und sachlich; im gleichen Jahr im Theater am Turm in Frankfurt schwermütig-melodramatisch unter der Regie von Rainer Werner Fassbinder mit Karlheinz Böhm als Astrow. 1978 spielte Boy Gobert am Thalia-Theater in Hamburg den Astrow vor einem naturalistischen Bühnenbild von Minks. Jürgen Flimm dagegen bediente sich 1980 in Köln surrealistischer Effekte: Sein Bühnenbildner Eric Wonders ließ die Zimmerwände, wie von Geisterhand geschoben, in ständiger Bewegung wandern, um die Verlorenheit der Menschen in der Instabilität der Räume zu symbolisieren. Auch Peter Palitzsch, der 1982 in Düsseldorf Regie führte, vermied nostalgische Bezugnahmen auf das Rußland der Tschechowzeit. Sein Dr. Astrow trug als verfrüht geborener Ökologe sein Programm vor einem fensterlosen Hintergrund vor. 1981 dagegen war die Inszenierung von Walter Asmus in Darmstadt so naturalistisch, daß sich das Gutsvolk auf einem Hühnerhof bewegte. In Frankfurt gab es 1982 eine Inszenierung (Nicolas Brieger), die auf Seelenanalyse und Veranschaulichung der gesellschaftlichen Si-

tuation großen Wert legte. Das Mannheimer Nationaltheater unter der Regie von Harald Clemens griff 1983 wieder den Gedanken auf, das Stück präsentiere »alle Arten von Endzeiten«. Demgegenüber zeigten die Münchner Kammerspiele im Winter 1987/88 eine neue Inszenierung von Hans Lietzau, die nach der Beschreibung von Renate Schostack »von Hoffnung überglänzt« war. Es sei ein »Rest von Stärke herauspräpariert worden«, der sich hinter der Rat- und Hilflosigkeit der Leidenden verstecke. Der Professor (Rolf Boysen) sei als gelehrte Nervensäge erschienen und zugleich doch als Grandseigneur, Wojnizkij (Claus Eberth) als Kraftprotz voll eingeklemmter Wut, der Doktor (Helmut Griehm) als Zyniker, die Jelena (Elisabeth Augustin) »mit ihrem unbenutzten schönen Körper« als Verfleischlichung der trägen Langeweile, die russisch »skúka« heißt und ein leeres Warten auf ferne und unbestimmte Ereignisse meint, einen Seelenzustand, der in der russischen Literatur häufig beschrieben worden ist. Das Stück nimmt eben bei Tschechow doch »kein Ende«. Es spricht für die Lebenskraft des *Onkel Wanja*, daß seine Wirkung vom Fin de siècle des vorigen Jahrhunderts bis in die letzten Jahrzehnte des unseren mit seiner Menschendarstellung und Kulturkritik wirksam bleibt, unabhängig davon, ob es als realistische Spiegelung alltäglicher Banalität und sozialen Verfalls inszeniert wird oder surrealistisch als Gleichnis der Absurdität des Daseins oder symbolistisch als Verweis auf künftiges Heil, mit dem leicht ironischen Bezug auf »gute Geister über Gräbern« (Astrow) oder auf das »lichte Leben« in der anderen Welt (Sonja). In ihrer Vieldeutigkeit liegt der Reiz der Theaterstücke Tschechows.

Hans Walter Poll

Russische Literatur

IN RECLAMS UNIVERSAL-BIBLIOTHEK

◧ Zweisprachige Ausgaben

Isaak Babel, *So wurde es in Odessa gemacht.* Geschichten. 96 S. UB 9952

Michail Bulgakow, *Teufeleien.* Skizzen, Satiren, Grotesken. 231 S. UB 8964

Iwan Bunin, *Der Herr aus San Francisco.* ◧ 80 S. UB 9788 – *Der Sonnenstich.* Erzählungen. 152 S. UB 9343

Wilhelm Busch, *Max und Moritz.* Russische Nachdichtung. ◧ 80 S. UB 18030

Fjodor Dostojewskij, *Arme Leute.* 182 S. UB 8047 – *Aufzeichnungen aus dem Kellerloch.* 164 S. UB 8021 – *Aufzeichnungen aus einem Totenhause.* 511 S. UB 2647 – *Der Doppelgänger.* 215 S. UB 8423 – *Der ewige Ehemann.* 247 S. UB 2485 – *Erzählungen.* 360 S. UB 2486 – *Der Großinquisitor.* 62 S. UB 6256 – *Die Sanfte.* 83 S. UB 6570 – *Schuld und Sünde.* 893 S. UB 2481 – *Der Spieler.* 191 S. UB 2128 – *Weiße Nächte.* 79 S. UB 2126 – Dazu: *Interpretationen: Dostojewskijs Romane.* 142 S. UB 17529

Fünfzig russische Gedichte. 158 S. UB 18110

Nikolaj Gogol, *Erzählungen.* 376 S. UB 8505 – *Die Heirat.* 96 S. UB 18277 – *Der Mantel.* ◧ 120 S. UB 9489 – *Der Mantel. Die Nase.* 91 S. UB 1744 – *Die Nase.* ◧ 101 S. UB 9628 – *Der Revisor.* 189 S. UB 837

Iwan Gontscharow, *Oblomows Traum.* ◧ 157 S. UB 2244

Maxim Gorki, *Nachtasyl.* 102 S. UB 7671 – *Sommergäste.* 136 S. UB 9791

Nikolaj Karamsin, *Die arme Lisa.* ◧ 77 S. UB 7861

Michail Lermontow, *Ein Held unserer Zeit.* 208 S. UB 968 – *Gedichte.* ◧ 168 S. UB 3051

Nikolaj Leskow, *Der Gaukler Pamphalon.* 94 S. UB 7788 – *Die Lady Macbeth aus dem Landkreis Mzensk.* ◧ 144 S. UB 7619 – *Weihnachtserzählungen.* 152 S. UB 8923

Nieder mit der Mafia! Neue russische Kurzprosa. ◧ 199 S. UB 18082

Alexander Puschkin, *Boris Godunow.* 80 S. UB 2212 – *Erzählungen.* 416 S. UB 1612 – *Eugen Onegin.* 283 S. UB 427 – *Gedichte.* ◧ 160 S. UB 3731 – *Das Märchen vom Zaren Saltan.* ◧ 79 S. UB 18126 – *Mozart und Salieri.* ◧ 41 S. UB 8094 – *Pique Dame.* ◧ 96 S. UB 1613 – *Der Posthalter.* Die Erzählungen Bjelkins. 94 S. UB 7469 – *Der Postmeister.* ◧ 54 S. UB 7468 – *Der steinerne Gast.* ◧ 85 S. UB 428

Russische Liedermacher. Wyssozkij, Galitsch, Okudschawa. ◧ 207 S. UB 18056

Russische Lyrik. Von den Anfängen bis zur Gegenwart. ◧ 784 S. UB 7994

Russische Zaubermärchen. ◧ 206 S. UB 18263

Alexander Solschenizyn, *Matrjonas Hof.* ◧ 125 S. UB 7945

Leo Tolstoi, *Erzählungen.* 471 S. UB 2557 – *Herr und Knecht.* 78 S. UB 3373 – *Herr und Knecht.* ◧ 135 S. UB 8276 – *Der Tod des Iwan Iljitsch.* 92 S. UB 8980 – *Tolstoi-Brevier.* 192 S. UB 2820 – *Volkserzählungen.* 263 S. UB 2556 – auch geb.

Anton Tschechow, *Der Bär. Der Heiratsantrag. Die Hochzeit.* 63 S. UB 4454 – *Die Dame mit dem Hündchen.* ◧ 64 S. UB 5290 – *Drei Schwestern.* 96 S. UB 4264 – *Erzählungen.* 335 S. UB 9901 – *Iwanow.* 100 S. UB 7740 – *Der Kirschgarten.* 87 S. UB 7690 – *Die Möwe.* 78 S. UB 4319 – *Onkel Wanjy.* 75 S. UB 8738 – *Der schwarze Mönch.* ◧ 116 S. UB 5315 – *Der Tod des Beamten. Der Dicke und der Dünne. Der Mensch im Futteral.* ◧ 72 S. UB 5308
Dazu: *Interpretationen: Tschechows Dramen.* 144 S. UB 17523

Iwan Turgenjew, *Erste Liebe.* ◧ 210 S. UB 1732 – *Väter und Söhne.* 319 S. UB 718

Philipp Reclam jun. Stuttgart

Russische Lyrik

Von den Anfängen bis zur Gegenwart. Russisch/Deutsch
Hrsg. von Kay Borowsky und Ludolf Müller
784 Seiten. Universal-Bibliothek Nr. 7994

Die Anthologie vereinigt 300 Gedichte von über 100 Autoren

Hohes Lob dieser großen zweisprachigen Anthologie. Sie ist Studenten der russischen Sprache ebenso nützlich, wie sie dem Liebhaber russischer Literatur Freude bereitet. Als besonderen Vorzug dieser Anthologie empfinde ich es, daß die Gedichte in Prosa übertragen worden sind, daß also nicht der (zumeist scheiternde) Versuch unternommen wurde, sie adäquat in Reim und Metrum wiederzugeben. Den Herausgebern kam es auf »die gedankliche Entwicklung des Gedichts« und auf »die Genauigkeit der Bilder« an. So wird dem Leser Dichtung nahegebracht, deren Qualität in notgedrungen mangelhafter Nach-Dichtung unerkennbar bleibt. In seiner ausführlichen Einleitung gibt Ludolf Müller einen ausgezeichneten Überblick über Geschichte und Entwicklung der russischen Poesie von ihren historisch feststellbaren Anfängen bis in die Gegenwart. Ein umfangreicher Anhang, bescheiden »Anmerkungen« betitelt, gibt außer den biographischen Angaben zu jedem Autor wichtige historische und literaturwissenschaftliche Kurzkommentare. Daß die Auswahl hervorragend ist, braucht bei dem Herausgebergespann Müller/Borowsky nicht betont zu werden.

Heddy Pross-Weerth (Die Zeit)

Kay Borowsky, der die Autoren ausgewählt hat, ist mit der schweren Aufgabe hervorragend fertig geworden: einerseits sind alle bekannten und berühmten russischen Lyriker vertreten, so daß diese Reclam-Anthologie zum bleibenden Standardwerk werden wird – auch findet man meist die häufiger zitierten Gedichte –, anderseits bietet Borowsky Eigenes, bietet Ausnahmen vom Kanon des zu Recht Tradierten. Selbst Erstveröffentlichungen sind einbezogen.

Wolfgang Kasack (Neue Zürcher Zeitung)

Philipp Reclam jun. Stuttgart